필름 속을 걷다

프롤로그

여행을 떠나면 나는 일종의 고행 상태에 돌입한다. 비행기에서는 영화를 보지도 음악을 듣지도 않는다. 가급적 기내식도 건너뛴다. 책을 읽을 때도 있지만, 더 많은 경우 눈을 감고 필사적으로 잠을 청한다. 그러나 잠은 끝내 편안히 오지 않는다. 작은 상자 속에 유폐된 듯, 꿈과 현실 사이의 좁은 통로 어딘가에서 혼곤하게 헤맨다.

 여행지에선 하루에 한 끼를 먹는 경우가 많다. 잠을 자는 시간도 줄어든다. 가능하면 차를 타지 않는다. 걷고 또 걷는다. 여행지에서 만큼은 내 머리보다 발바닥을 더 신뢰한다. 몸이 피곤해질수록 정신이 예민해진다. 긴 여행을 떠나면, 숙소에 도착한 첫날밤부터 집으로 돌아가고 싶다는 생각이 든다.

 내게 여행은 마음을 비우는 일과 거리가 멀다. 내내 시간에 쫓긴다. 빡빡한 일정 속에서 가야 할 곳은 언제나 많고 해는 늘 짧다. 나는 부박한 문명인이고, 욕심투성이의 불평꾼이며, 끝내 깨달음을 얻지 못하는 고행자다.

영화와 여행은 흔히 꿈에 비유된다는 점에서 닮았다. 그 둘이 만나는 순간을 경험한다는 것은 얼마나 낭만적인 일인가. 하인리히가 머물렀던 티베트 라싸(《티벳에서의 7년》)의 짙푸른 하늘이 그대로 스크린이 되고, 사자왕 아슬란이 어슬렁거렸던 뉴질랜드 남쪽 끝 푸라카우누이 베이(《나니아 연대기》)의 파도소리는 배경음악이 된다. 오타루(《러브레터》)에 도착했을 때 하늘과 땅의 경계를 지우며 쏟아지던 눈 풍경은 오프닝 신$^{scene}$이 되고, 베니스(《베니스에서 죽다》)에서의 마지막 밤에 헤맸던 미로 같은 골목길은 뫼비우스의 띠처럼 끝이 또다른 시작으로 이어지는 듯한 기시감을 안기며 라스트 신이 된다. 내 인생에 이보다 더 아름다운 영화가 있을까.

하지만 여행과 영화라는 두 가지 판타지는 조급한 나그네를 맞아 종종 서슬 퍼런 리얼리티가 되기도 했다. 처음에는 그 모든 것에 시간 탓을 했다. 그러나 그것은 결국 소용없는 핑계였다. 여행뿐만이 아니라 삶 자체가 시간의 문제일 테니까. 어쩌면 거듭된 여행에서 내가 배운 게 있다면 공간이 아니라 시간일 것이다.

이 여행기는 영화가 태어났던 풍경을 여행지에서 목도하는 순간에 늘상 터져 나왔던 탄성의 기술인 동시에, 발길을 되돌릴 때마다 끊임없이 곱씹어야 했던 포기와 불능의 기록이기도 하다. 길고 긴 여행의 끝에서 내가 좀더 행복해졌다고 말하긴 쉽지 않겠지만, 내가 아주 조금 더 지혜로워졌다고는 말할 수 있을지도 모른다.

'이동진의 세계영화기행'이라는 제목으로 조선일보에 연재했던 내용을 수정하고 분량도 대폭 늘렸다. 새 글을 쓴다는 느낌으로 완성한 이 여행기가 독자들에게 좀더 상세하고 친절하게 다가갈 수 있으면 좋겠다.

너무나 좋은 기회를 주셨던 조선일보사에 진심으로 감사드린다. 여행기와 관련한 내용을 방송할 수 있게 해준 MBC FM '푸른밤 그리고 성시경입니다' 분들께 마음의 인사를 전한다. 정성을 다해 책을 만들어주신 예담출판사에도 감사드린다. 그리고 신문 연재와 방송 과정에서 격려해 주신 독자들과 청취자들께 고맙다는 말씀을 꼭 드리고 싶다. 이제 이 서문을 쓰는 것으로 나는 마침내 길고 긴 여행을 마쳤다.

2007년 10월
영화제가 열리는 부산의 바닷가에서

Contents

프롤로그 · 5

# #01 흔적을 찾다

세상으로 내려가야 할 시간 – 〈러브레터〉, 오타루 · 15
숲을 이룬 꽃은 시든다 – 〈비포 선셋〉, 파리 · 29
사랑은 소화불량으로 죽는다 – 〈내 남자친구의 결혼식〉, 시카고 · 47
시간을 견뎌낸 모든 것은 – 〈이터널 션샤인〉, 몬탁 · 73
사랑을 말하면 사랑을 하게 된다 – 〈러브 액츄얼리〉, 런던 · 91

# #02 리얼리티를 찾다

입에서 터지는 탄산의 죄책감 – 〈화양연화〉, 캄보디아 · 115
무엇일까 어딜까 그저 또 – 〈행잉록의 소풍〉, 오스트레일리아 · 135
겨울 바다에 갔다 – 〈조제, 호랑이 그리고 물고기들〉, 치바 · 151
게으름 피울 수 있는 권리 – 〈나니아 연대기〉, 뉴질랜드 · 165

# #03 시간을 찾다

봉인된 시간 – 〈글루미 선데이〉, 부다페스트 · 191
당신이 여기 있으면 좋겠어 – 〈쉰들러 리스트〉, 폴란드 · 207
이 차가운 별의 귀퉁이에서 – 〈티벳에서의 7년〉, 티베트 · 229
어떤 이들은 그저 슬픔을 타고난다 – 장국영을 기억하다, 홍콩 · 249
깊을수록 고독한, 섬 – 〈베니스에서 죽다〉, 베니스 · 271

봄의 판타지와 가을의 리얼리티
떠나온 봄과 떠나갈 가을
흘러가는 것은 시간이 아니다
시간 속을 우리가 흘러가는 것이다

# #01 흔적을 찾다

## 세상으로 내려가야 할 시간
〈러브레터〉, 오타루

그런 눈雪은 처음이었다. 일본 홋카이도의 삿포로를 떠난 밤기차가 오타루를 향해 달리는 동안, 눈은 세상의 질료였고 환경이었으며 리듬이었다. 한 량에 좌석이 열두 개밖에 되지 않는 작은 열차. 비명 대신 기적汽笛 소리를 내뱉으며 눈의 나라로 빨려 들어간 기차가 소실점을 향해 외로이 두 줄 철로를 탈 때, 철길 좌우로 생겨나는 눈보라가 그나마 희미하게 남아 있는 현실감을 지웠다. 수직으로 쏟아지는 눈과 수평으로 펼쳐지는 눈이 호수처럼 고여 있는 눈과 만나 빚어낸 하얀 밤은 몽롱했다.

영화 〈러브레터〉에서는 그렇게 환상인 듯 현실인 듯 모호하게 묘사되는 장면들이 많았다. 온통 눈세상인 오타루에서 찍은 그 영화에서는 그렇게 해도 괜찮았다. 겨울은 '환幻'의 계절이니까. 새로 내리는 눈이 이미 내린 눈 위에 켜켜이 쌓여가며 일종의 나이테를 이루는 곳에서는 삶이 좀더 자주 꿈처럼 느껴질 테니까. 오타루에서 눈은 곧 시간의 퇴층과 마찬가지였다.

사람의 키를 훌쩍 넘겨 쌓인 눈 사이로 낸 좁은 길 위를 모두들 종종걸음으로 걸었다. 지도를 얻으러 들렀던 삿포로 공항 안내 센터에서 《눈길 걷는 법》이란 소책자까지 함께 챙겨줬던 게 뒤늦게 이해됐다. 눈 때문에 골목까지 들어갈 수 없는 유조차가 긴 호스를 통해 집집마다 난방용 기름을 배달하는 장면이 무척이나 인상적이었다.

문을 연 지 110년이 되었다는 일본 전통 여관에 묵었더니, 정확히 아침 여덟 시에 주인 여자가 들어와 이불을 갠 뒤 무릎을 꿇고 아침 인사를 한다. 방 한가운데 차려주는 정갈한 아침 밥상에는 계란말이와 생선구이에서 미역 된장국까지 10여 가지 반찬이 먹음직스럽게 차려져 있었다. 식사를 마치고 나니 주인 여자가 다시 들어와서 지역 특산품인 우유를 직접 잔에 따라 권했다.

아침을 맞은 오타루 우체국은 분주했다. 오타루는 많은 이의 가슴속에 추억처럼 남아 있는 이와이 순지의 멜로 영화 〈러브레터〉의 촬영지. 그러나 영화에서처럼 곱게 쓴 편지를 부치는 사람은 없었고 소포와 상업 우편물을 보내는 이들만 눈에 들어왔다. 인터넷과 휴대전화 때문에 글은 더이상 누군가의 손길에 스스로를 맡길 필요가 없었다. 편지가 도착할 때까지 기다리며 마음 설레게 했던 시간의 문

턱이 사라진 곳에서, 허전해진 사람들은 서둘러 물건을 보냈다.

오타루 우체국 앞 이로나이 교차로에서 편지를 부친 뒤 자전거를 타고 떠나려던 후지이 이츠키(女)는 누군가 자신의 이름을 부르는 소리를 듣고 고개를 돌린다. 그녀를 부른 사람은 애인 후지이 이츠키(男)를 등반 사고로 잃은 지 몇 해가 지나도록 잊지 못해 그가 중학 시절 살았던 오타루로 애인의 흔적을 찾아온 히로코였다. 방금 스쳐 지나간 사람이 동급생이었던 후지이 이츠키(男)에 대한 추억을 자신에게 편지로 일일이 전해주었던 동명이인 후지이 이츠키(女)가 아닌가 싶었기 때문이다. 그러나 인파 속에서 둘은 서로를 알아보지 못한다.

　이로나이 교차로를 벗어나 너무나 예쁜 소도시 오타루의 시내를 거닐었다. 오타루의 가장 유명한 관광지는 오타루 운하였다. 물길 옆에 운치 있게 난 산책로를 따라 걸을 때 운하 주변의 오르골 가게에서 바깥에 설치해 놓은 스피커를 통해 정감 어린 멜로디가 울려 퍼졌다. 산책로 주변에 쌓인 눈더미 사이로 누군가 하트 모양을 새긴 후 그 밑에 작은 굴을 파놓은 것을 발견했다. 굴은 딱 두 사람이 앉아 있을 수 있는 정도의 크기였다. 이 굴을 파놓고 잠시 들어앉았을 연인들에게 사랑은 어떤 모습이었을까.

　작은 예배당 처마에 매달린 고드름이 참 소담스럽다는 생각을 하다가, 오르골 소리를 좇아 충동적으로 가게에 들어섰다. 각양각색의 귀여운 오르골 중에서 핸들을 돌리면 비틀스의 노래 〈렛 잇 비$^{\text{Let It Be}}$〉가 천천히 흘러나오는 상자 모양의 오르골을 샀다.

　운하 근처에는 갈 곳도 많았다. 오르골 가게에서 나와 영화 속에 등장했던 유리 공방인 '오타루 운하 공예관'에 들러 잠시 실내를 둘러본 뒤 3층 전망대에 올랐다. 바깥 베란다로 통하는 유리문을 열고 나가려고 했지만, 쌓인 눈 때문에 문이 열리지 않았다. 전망대 실내의 비망록 노트에 한국 관광객들이 적어놓은 구절들이 적잖이 보였다. "△△와 ◇◇가 처음 떠난 여행. 너무 좋다. 오타루에 오길 잘했어요"라고 남자가 쓴 한글 메모 밑에 여자가 짧게 덧붙인 한 줄이 눈에 들어왔다. "△△씨, 사랑해요." 사랑의 추억은 언젠가 뇌리에서 사라져도, 세상 한구석에서 그 사랑의 흔적은 불멸한다.

영화 속에서 할아버지가 급성 폐렴으로 쓰러진 손녀딸 후지이 이츠키를 업고 눈길을 달려 간신히 도착했던 병원의 장면들은 오타루 시청에서 찍었다. 영화에서 주로 활용되었던 본관 건물 2층으로 갔다. 한쪽 끝에 기자실이 있는 2층 복도는 대낮인데도 어두웠다. 영화에서와 달리 텅 빈 복도에는 의자도 놓여 있지 않았다. 아주 가끔씩 서류철을 든 직원이 사무실에서 나와 대리석 복도를 걸을 때면 구두 굽이 내는 발소리가 긴 여운을 남기면서 빈 공간을 울렸다.

다음날. 오타루 시내에서 차를 타고 동남쪽 외곽으로 10여 분 달리자 아사리 중학교가 나왔다. 극 중 두 명의 후지이 이츠키가 다녔던 학교였다. 축구 골대 근처까지 눈으로 파묻힌 운동장으로는 아예 들어설 엄두도 나지 않아서 곧장 학교 건물로 갔다.

한 학년에 세 개 반이 있는 3층짜리 작은 교사校舍는 겨울방학 중이라 텅 비어 있었다. 신분을 밝히고 방문 목적을 말했더니, 일본어를 가르친다는 40대 교사 이타바시 토오루 씨가 직접 안내를 자청했다. 촬영 장소였다는 2학년 B반 풍경은 한국의 교실과 다를 바 없었다. 칠판 오른쪽 구석에는 주번의 이름을 쓰는 자리가 있었고, 교실 뒤편 벽에는 학교 행사 때 찍은 장난스러운 표정의 아이들 사진들이 걸려 있었다.

남자 후지이 이츠키가 앉았던 교실 뒤쪽 의자에 앉아보니 내가 지

나온 10대 시절과 〈러브레터〉의 학교생활이 연이어 떠오르며 겹쳐졌다. 학교 도서실은 육중한 책장이 꽉 들어찬 영화 속 모습과 달리, 여느 교실처럼 작고 소박했다. 극중 도서실 장면들은 시내의 유서 깊은 건물인 구舊 일본 우편선 오타루 지점에서 따로 찍었지만 며칠째 계속 휴관이어서 들어가지 못했다. 나를 안내하면서 영어가 능숙하지 않아 스스로를 답답해 하던 이타바시 선생님은 학교 현관 쪽으로 가다가 멀리 복도에서 다른 교사가 지나가자 신기하다는 듯 들뜬 일본어로 외쳤다. "〈러브레터〉 때문에 한국에서 찾아온 기자야."

현관에서 여학생 10여 명을 만났다. 카메라를 들이댔더니 까르르 웃으며 도망간다. 3학년인 농구부원들이라는데도 생각보다 작았다. 아이들은 언제나 어른들에게 어려 보인다. 그러나 그 어린 아이들도 〈러브레터〉에서처럼 그들만의 진지한 사랑앓이를 한다. 풋사랑이라고 웃어넘기지 말 것. 최초의 상처가 가장 깊으니까.

오타루 역에서 기차를 타고 삿포로 방면으로 30분가량을 달려 제니바코 역에서 내렸다. 제니바코는 완행열차만 정차하는 작은 역이었다. 역 안의 간이매점에서 간단한 먹거리와 우유를 골라 들고서 지폐를 건넸다. 매점을 운영하는 여자는 주판을 꺼내들고서 톡톡 소리를 내며 물건 값을 계산했다.

제니바코 역에 내린 이유는 근처에 여자 후지이 이츠키가 사는 곳으로 내내 영화 속에 등장했던 집이 있다는 이야기를 들었기 때문이다. 어렵게 그 집의 전화번호를 얻어 사전에 여러 차례 전화를 했지만 끝내 연결되지 않았다. 결국 주소만 들고 제니바코 역 앞에서 무작정 택시를 탔다. 쉽게 찾을 수 있으리라 생각했지만 때마침 쏟아지는 폭설 속에서 택시기사는 방향을 제대로 못 잡은 채 끝없이 헤맸다.

간신히 집 근처에 도착했지만 엄청나게 쌓인 눈 때문에 차가 집 앞까지 갈 수가 없어서 200여 미터를 엉금엉금 기다시피 걸어야 했다. 언덕 아래 골목 끝 그 집은 초인종 누르는 부분을 제외하고, 입구의 기둥 전체가 눈더미에 묻혀 있었다. 골목에는 그 집이 유서 깊은 사적지임을 알리는 안내판이 붙어 있었다. 촬영 당시 설치했다는 인상적인 빨간 우체통은 없었지만, 집은 한눈에 극중 장면들을 떠올릴 수 있을 만큼 영화 속 모습 그대로였다.

하지만 영어 "익스큐즈 미"와 일본어 "스미마셍"을 번갈아 외치며 두드려도 열리지 않는 문 앞 정적 속에 함박눈만 쌓였다. 눈은 눈眼으로 확인할 수 있는 침묵이었다. 움직여도 소리를 내지 않는 눈이 얼어붙은 채 떨고 있는 나그네의 머리와 어깨에 수북이 내려앉았다.

히로코가 눈 속에서 누워 있던 첫 장면을 찍은 산 텐구야마天狗山는 겨울철 인기 높은 스키장이었다. 단체로 스키장에 온 초등학생들 때문에 강습 받는 곳은 붐볐지만 평일이라서인지 슬로프는 한산했다. 스노보드와 스키를 든 아이들 사이에 섞여 케이블카를 타고 산에 올랐다. 열 살 남짓한 아이들이 어깨에 가방을 멘 채 험한 루트만을 골라 줄 지어 빠르게 슬로프를 내려가는 광경이 신기했다.

저 멀리 눈에 덮인 오타루 시가지 전체와 바다를 눈이 멀도록 내

려다보고 있자니, 한 해의 시작과 끝이 모두 들어 있는 겨울은 '환幻'의 계절이기도 하다는 사실을 깨달았다. 경계를 없애며 세상을 침묵 속에 잠기게 하는 몽환적인 눈 속에서는 시작도 끝도 결국 서로 꼬리를 물고 끝없이 도는 시간의 환幻 위 어딘지도 모를 작은 점에 지나지 않았다. 어쩐 일인지, 프랑스 브르타뉴의 눈 덮인 산을 그린 그림을 이젤에 걸어놓은 채 뜨거운 태양의 나라 타히티에서 죽은 화가 폴 고갱의 마지막 순간이 떠올랐다. 그렇다면 언젠가 내가 맞이할 마지막 순간에는 어떤 풍경이 떠오를 것인가.

스키장에서 내려가는 케이블카에 타는 사람은 나밖에 없었다. 〈러브레터〉는 이미 세상을 떠난 한 남자와의 사랑을 떠올리는 두 여자의 추억을 다룬 영화였다. 그리스 신화에서 시간을 뜻하는 신 크로노스는 하늘의 신 우라노스와 땅의 신 가이아의 자식이었다. 오타루의 겨울, 하늘과 땅 사이에는 온통 새하얀 눈이 시간을 덮고 있었다. 쏟아지는 눈 속에서 열정도 그리움도 꿈도 현실도, 모두가 아득하게만 여겨졌다.

케이블카가 덜컹거리며 움직였다. 그래도 또다시, 세상으로 내려가야 할 시간이었다. 오래 숨을 참은 채 죽은 듯 눈 속에 한참 누웠다가 나직이 숨을 토하며 일어나 산을 허위허위 내려갈 수밖에 없었던 히로코처럼.

## :: 러브레터 Love Letter, 1995

감독 : 이와이 순지  배우 : 나카야마 미호, 사카이 미키, 가시와바라 다카시

홍콩 감독 왕가위와 함께 1990년대 후반 한국에서 열혈 팬들을 거느렸던 일본 감독 이와이 순지의 대표작. 등반 사고로 죽은 연인을 잊지 못해 그 남자의 옛 주소지로 편지를 띄운 여자가 우연히도 그와 이름이 같았던 중학 시절 동기동창 여자의 답장을 받으면서 영화가 시작된다. 한 남자가 떠나간 뒤 남겨진 두 여자가 편지를 주고받으면서 그를 추억하는 과정이 섬세하게 펼쳐진다. 머물렀던 기간이 짧았다고 해도 떠난 사람의 흔적은 도처에 남는다는 것. 남겨진 사람들은 그 흔적과 마주치며 온기를 얻는다는 것. 이 영화, 깨끗하고 정갈하다.

## 숲을 이룬 꽃은 시든다
〈비포 선셋〉, 파리

장거리 기차 여행 중 우연히 만난 한 남자와 한 여자가 오스트리아 빈을 하루 동안 거닐며 사랑을 나눈다. 함께 밤을 지새운 뒤 동이 터올 무렵, 전화번호도 주고받지 않은 채 두 사람은 정확히 6개월 뒤 빈 기차역에서 다시 만나기로 하고 아쉬운 이별을 한다. 〈비포 선라이즈〉[1995]의 마지막 장면을 본 관객이라면 누구나 궁금해 했다. 그 남자 제시와 그 여자 셀린은 과연 6개월 뒤에 빈 기차역에서 재회했을까.

〈비포 선라이즈〉의 9년 후 상황을 그린 속편 〈비포 선셋〉의 궤적을 밟아 프랑스 파리를 돌아다니는 여정은 어쩔 수 없이 세월의 위력을 확인하는 과정이었다. 극중 인물인 제시와 셀린, 그들을 연기한 배우 에단 호크와 줄리 델피, 영화를 만들어낸 감독 리처드 링클레이터는 그 두 편 사이의 시간만큼 세월을 먹었다. 그건 〈비포 선라이즈〉의 촬영지를 답사한 지 7년 만에 다시금 〈비포 선셋〉의 공간을 찾아 나선 내게도 해당되는 일이었다.

〈비포 선셋〉은 9년 전 그날, 오스트리아 빈에서 있었던 일을 소설로 쓴 제시가 '저자와의 대화' 행사에 찾아온 셀린과 만나며 시작한다. 오랜 세월이 흐른 후의 재회가 이뤄진 '셰익스피어 앤드 컴퍼니 서점'으로 갔다. 파리 5구에 있는 이 유명한 헌책방은 사람들로 북적댔다. 헨리 제임스의 소설과 마오쩌둥의 전기가 함께 놓여 있는 서가에는 검은 고양이가 기어 다녔다. 치쌓인 책더미 사이의 통로를 지나서 열세 개의 좁은 나무 계단을 올라 2층으로 갔다.

제시가 독자들 사이에서 셀린을 만났던 작은 방에서는 아마추어 시인들이 심각한 표정으로 대화를 나누고 있었다. 매주 토요일에 열린다는 그 모임은 누구든 자신이 쓴 시를 복사해 오면 서로 돌려 읽은 뒤 평하는 방식으로 진행되었다. 이곳에서 독자들의 질문에 답하면서 제시는 말했다. "제 삶은 평범합니다. 하지만 모든 삶은 드라마입니다." 사랑도 그럴 것이다. 따지고 보면 대부분의 사랑은 평범하기 이를 데 없지만 그 모든 사랑에는 휘몰아치는 드라마가 있다.

방에서 나와 좁은 2층 서가를 구경하다가 한쪽 구석에서 허름한 침대를 발견했다. 그 옆의 작은 책상에는 낡은 타자기가 놓여 있었다. 책더미 사이에는 싱크대도 있었다. 오래전부터 가난한 작가들을 재워주고는 했다는 이 서점의 2층 공간은 책이 생활이면서 인생 그

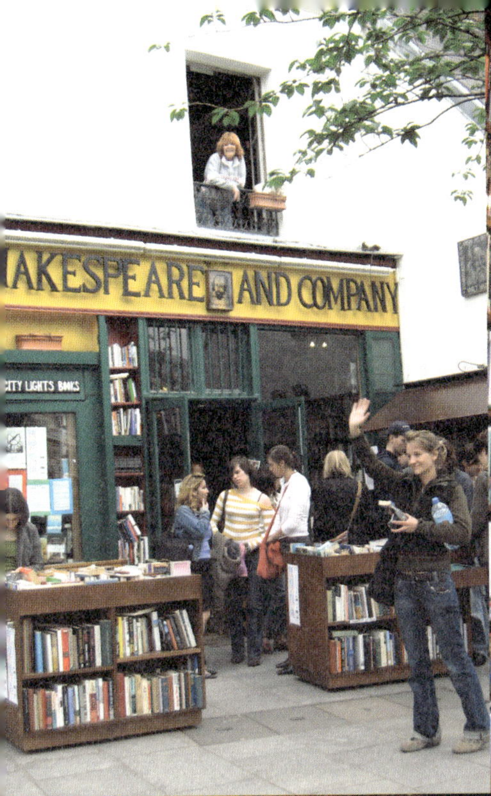
AKESPEARE AND COMPANY

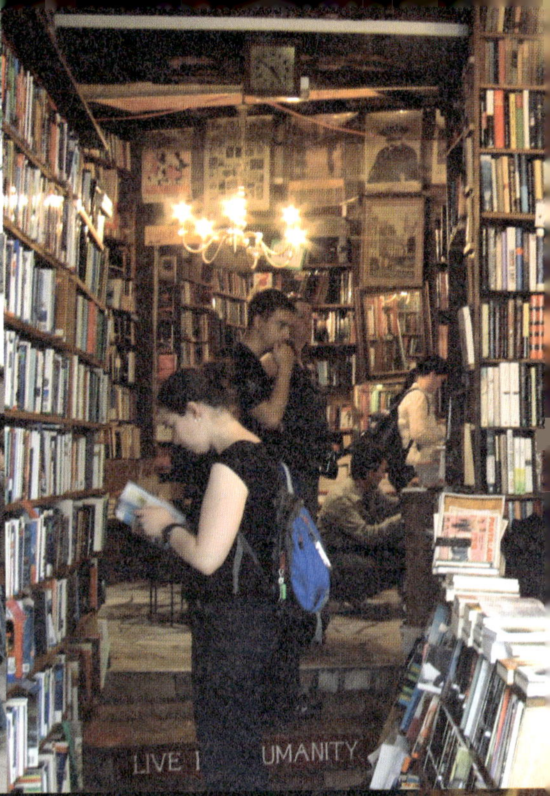

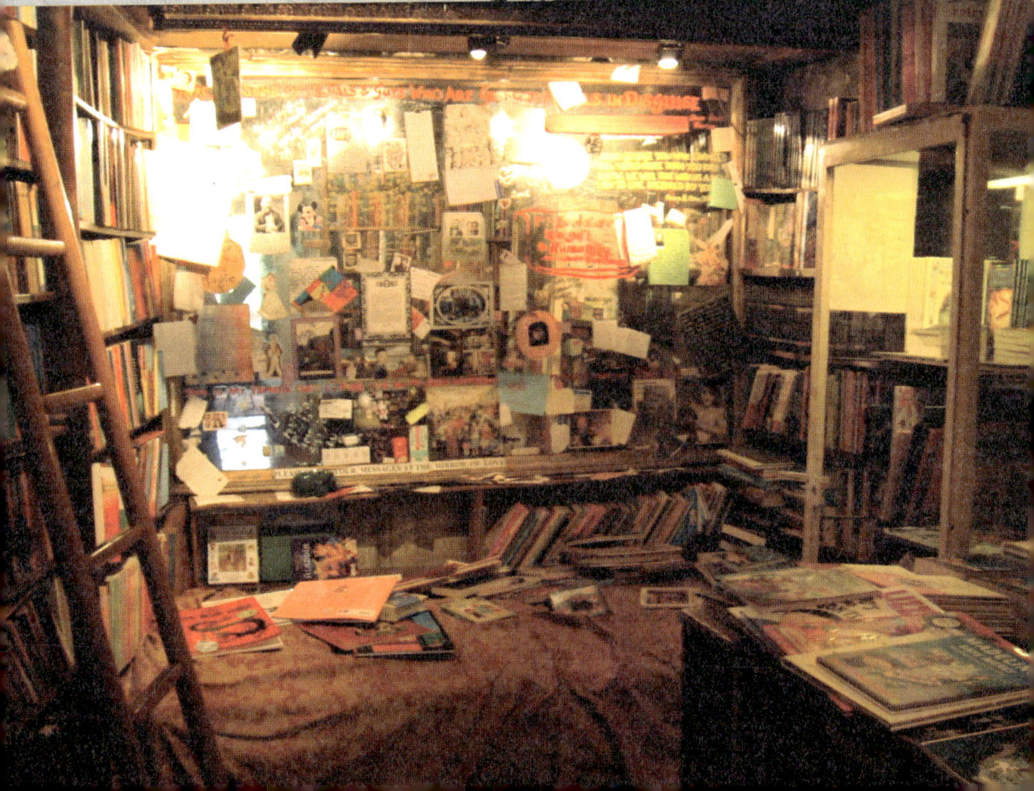

자체인 풍경을 담고 있었다. 제시도 '저자와의 대화' 행사가 열리기 전날 밤 이곳에서 잤다. 2층에서 내려오려다 입구에 붙은 글귀를 본 순간 마음이 한없이 따뜻해졌다. "나그네에게 함부로 대하지 마세요. 그들은 변장한 천사일 수도 있으니까요."

제시와 셀린은 둘 사이에 흘리간 9년의 세월을 인식하고 처음에 "하이"와 "헬로"로 어색하게 인사를 나눈다. 두 사람이 셰익스피어 서점을 나와서 함께 걷던 작은 길 뤼 생 줄리앙 르 포브르로 접어들었다. 벽돌이 촘촘히 박혀 일방통행 1차로 차도를 만들고, 양옆으로는 소박하고 아담한 식당들과 별 두 개짜리 작은 호텔이 들어서 있는 파리의 전형적인 뒷골목이다. 관광객들로 가득한 대로에서 조금 벗어났을 뿐인데, 한적한 골목길에는 전혀 다른 도시가 놓여 있었다.

1900년에 열린 제2회 파리 올림픽은 뒷골목을 누비는 마라톤 코스를 만들었다. 외국에서 온 선수들이 미로 같은 코스를 달리다가 길을 잃고 헤매는 동안, 빵집 배달부 출신인 파리의 마라토너가 익숙한 길을 누벼 우승했다. 골목길을 달리는 마라톤 코스라니! 파리 뒷골목의 매력을 즐기는 사람들은 그 황당했던 마라톤을 낭만적인 해프닝으로 기억한다.

뤼 생 줄리앙 르 포브르 길을 걸으며 셀린과 제시는 인사말을 나누다 서로 팔을 슬쩍 잡아가며 묵은 그리움과 솟는 반가움을 드러낸다. 그러고는 그때 그 '6개월 뒤' 약속 장소에 나갔던 제시가 할머니 장례식 때문에 나오지 못했던 셀린을 기다리다가 쓸쓸히 발길을 돌렸음을 알게 된다. 어떤 엇갈림은 열정적인 재회보다 더 큰 의미를 지닌다는 것을 확인하면서.

골목길을 누빈 끝에 두 사람이 찾아가는 르 퓌르 카페는 요즘 파리에서 새로운 예술의 중심지로 부상하고 있다는 11구의 샤론 역 근처에 있었다. 셀린과 제시가 앉았던 2인용 테이블에 앉아 그들처럼 커피를 주문했다. 가운데 놓인 바에 앉아 와인을 마시던 남자는 스피커에서 부드러운 샹송이 흘러나오자 솜씨 좋게 휘파람을 불었다. 제시는 이곳에 앉자마자 "왜 미국에는 이런 카페가 없을까"라고 내

뱉는다. 한적하고 여유로운 카페와 뒷골목은 파리지앵의 파리가 어떤 것인지를 그대로 말해 주었다.

  카페에 앉아 본격적으로 이야기를 나누기 시작하는 두 사람은 9년의 세월이 얼마나 위력적인지 절감한다. 빈에서는 어떤 주제로 대화를 나눠도 대립한 적이 없었던 셀린과 제시가 그만큼의 시간이 흐르는 동안, 비참한 제3세계의 현실을 목도할 때 더이상 인류에 비전은 없다고 보는 비관론자와 그래도 희망은 아직 살아 있다고 믿는 낙관론자로 세계관마저 달라져버렸으니까.

탁자 위 냅킨에 적힌 '르 퓌르 카페' 글씨 뒤에는 점 세 개가 말줄임표처럼 찍혀 있었다. 이 테이블에 마주 앉아 오래전 그날처럼 삶과 철학과 종교와 사회에 대해 폭넓게 대화를 나누던 두 사람이 끝내 풀어내지 못하고 줄여버린 말은 무엇이었을까. 사랑의 수명을 결정하는 것은 결국 입 밖으로 내뱉은 낭만이 아니라 심장으로 삼킨 연민이다.

카페에서 나온 둘이 대화를 이어간 리옹 역 근처의 산책로인 프로므나드 플랑테로 갔다. 바람에 대나무 잎이 흔들리는 소리를 들으며 예전에는 기찻길이었던 곳을 공원으로 바꾼 그 길을 따라 걷다보니 서로 새끼손가락만 걸고 산책하는 남녀가 눈에 들어왔다. 연인들이란 모든 것을 변하게 만드는 세월 앞에서 무모하게도 감정을 약속하는 사람들이다.

안타까웠던 9년 전을 떠올리며 셀린은 "다시 만났으니 추억을 바꿀 수 있어. 허무했던 우리의 마지막 대신"이라고 말하고, 제시는 "살아 있는 한 추억은 계속 바뀌지"라고 답한다. 세월 앞에서 좌초한 감정을 목도한 어떤 연인들은 추억의 내용을 바꾸면서까지 기어이 감정을 살려낸다.

프로므나드 플랑테를 벗어나 유람선 선착장에 가려고 센 강변을 걸었다. 센 강변을 거닐 때마다 가장 인상적인 것은 강을 끼고 있는 인도 위에 주욱 늘어선 작은 헌책방들이었다. 아주 오래전부터 이 자리를 지켜왔다는 헌책방들은 낭만적이고 정감 어린 파리의 풍경을 만들어냈지만, 과연 그 많은 낡은 책들이 제대로 팔릴까 싶은 우

려가 저절로 생기고는 했다. 그런데 이 노점들이 정부의 지원금을 꽤 많이 받고 있다는 사실을 알고 나니 의문이 풀렸다.

사실 센 강변의 책방 주인들은 책을 파는 일에 별 관심이 없어 보였다. 손님이 다가가서 이리저리 책을 들춰봐도 눈길 하나 주지 않은 채 하던 일을 계속했다. 그들이 하는 일이란 작은 의자에 앉아서 책을 읽거나 무심히 강을 내려다보는 것, 혹은 무릎에 앉힌 고양이의 등을 쓰다듬는 것이었다. 바쁠 것도 속이 탈 것도 없는, 세상에서 가장 느긋한 가게 주인들이었다.

　파리에 머물렀던 젊은 시절, 독일 시인 라이너 마리아 릴케에게도 센 강변의 헌책방 풍경이 인상적이었나 보다. 그런데 정말 놀라운 것은 100여 년 전 릴케가 적어놓은 글의 묘사가 내가 본 것과 아주 흡사했다는 점이다.

　"이따금씩 나는 센 강변의 작은 가게들을 지나간다. 골동품 가게나 작은 헌책방, 동판화 상점. 진열장에는 물건들이 가득 차 있지만 가게를 찾는 사람은 보이지 않는다. 전혀 거래가 없는 듯하다. 그러나 가게 안을 들여다보면 의자에 앉아서 뭔가를 읽고 있는 사람들이 보인다. 그들은 내일을 걱정하지 않고 가게도 염려하지 않으며 대부분 개나 고양이를 기른다. 개는 주인 앞에 앉아 있고 고양이는 책 표지의 이름들을 지우려는 듯 나란히 꽂힌 책들을 가볍게 스치며 주변 적막을 더욱 깊게 한다."

시간은 균질하게 흐르지 않는다. 어떤 곳에서는 맴을 돌기도 하고 또 어떤 곳에서는 역류하기도 한다. 센 강변에서 시간은 호수처럼 넉넉히 고여 있었다.

제시와 셀린이 그랬던 것처럼, 선착장을 찾아내 센 강을 떠다니는 유람선에 올랐다. 파리를 여러 차례 방문했지만 유람선을 타본 것은 처음이었다. 좁고 잔잔한 센 강을 떠다니며 익숙한 건축물들을 바라보는 것도 파리를 경험하는 괜찮은 방법이었다. 각국 관광객들에게 영어로 입심 좋게 센 강 주변 건물들 이야기를 늘어놓던 가이드는 센 강의 다리인 퐁 생 마리를 지나기 직전에 본격적으로 분위기를 잡는다.

"이곳을 지날 때면 다리 아래 그림자 속에서 모르는 사람과 눈을 감고 키스를 하는 게 전통이랍니다."

물은 언제나 낭만을 부추긴다. 또다른 삶의 단계로 옮아가는 다리 아래서라면 더더욱. 다섯까지 천천히 세면 퐁 생 마리를 벗어나게 된다며 가이드는 친절하게 카운트다운까지 했다. 괜히 멋쩍은 마음에 센 강을 내려다봤다. 짙은 녹색의 강물이 유유히 흘렀다.

계속 대화하던 두 사람은, 미처 서로 알지 못했지만 몇 해 전 뉴욕

맨해튼에서 1년간 공존했던 기간이 있었음을 깨닫는다. 그때 거리에서 우연히 셀린 비슷한 여자를 보고 그녀를 떠올렸던 제시는 그게 진짜 셀린이었음을 뒤늦게 알게 된다. 인연이란, 관계가 진행되는 당시에는 말할 수 없는 단어다. 〈비포 선셋〉을 감독한 리처드 링클레이터 Linklater의 성姓이 뜻하듯, 인연이란 시간이 흐른 '나중에서야 서로 연계'되며 뒤늦은 깨달음을 안기는 법이다.

  지는 태양은 그림자의 길이를 두 배로 늘린다. 이 영화 제목처럼 '해가 지기 전에' 공항으로 떠나야 하는 제시는 짙은 아쉬움 때문에 셀린과의 두 번째 이별 순간을 자꾸만 뒤로 미룬다. 〈비포 선라이즈〉에서 결단력 있게 매듭을 맺으며 훗날을 기약했던 청춘은 〈비포 선셋〉에서 미적대고 망설이며 후회하고 서성이는 중년이 되었다. 무려 네 번을 유예한 끝에 제시는 결국 운전기사를 기다리게 한 채 셀린의 집 안으로 들어선다.

  셀린의 집은 샤토 도 지하철 역 근처의 뤼 데 프티 제큐리 길에 있었지만, 굳게 닫힌 수많은 대문들 사이에서 그녀의 집을 찾아내지는 못했다. 길 이름이 뜻하듯 쳇바퀴 속의 '작은 다람쥐'처럼 골목길을 몇 차례 왔다 갔다 하며 인터폰으로 묻고 또 물었지만 허사였다. 나중에 확인해 보니, 허망하게도 실제 촬영지는 극중 대사와 달리 전혀 다른 곳이었다.

  밤이 깊어질 때 샤요 궁 앞 잔디밭으로 갔다. 에펠탑은 파리 시내 어디서든 보였지만, 샤요 궁 앞에서 바라볼 때 가장 아름다웠다. 밤

11시. 에펠탑에 더 가까이 다가가기 위해서 궁 앞의 이에나 다리를 건널 때 갑자기 에펠탑을 휘감은 수많은 전구들이 일제히 명멸하며 화려하게 빛을 냈다. 다리를 건너던 사람들의 입에서 탄성이 쏟아져 나왔다. 빛은 10분간 반짝이다가 일제히 어둠 속으로 빨려 들어갔다. 에펠탑 조명이 꺼지는 시간에 맞춰 불을 끄듯 멋지게 손가락을 튕기는 제스처로 여자들의 마음을 사로잡았던 영화 〈동정 없는 세상〉1989의 이포는 지금 어느 베란다에서 이곳을 바라보고 있을까.

10분의 광휘는 〈비포 선라이즈〉의 빈에서의 하룻밤 같은 것이었다. 현기증이 날 정도로 짜릿하고 화사하다고 해도, 길고 긴 삶에서는 그저 찰나처럼 스쳐 지나간 하루일 뿐인 시간. 텅 빈 어둠에 몸을 묻고 영화 속 둘의 재회에 진하게 서린 감정의 정체는 무엇일까 생각했다.

9년이 흐르는 사이, 푸르른 꿈을 꾸던 20대 중반에서 삶을 채우고 있는 불능과 부정否定을 확인한 30대 중반이 된 제시와 셀린. 삶의 외형을 만드는 것은 대로에서 벌어진 사건이지만 반복해 추억되는 것은 뒷골목에서 발생한 일이다. 둘은 소설가와 환경운동가로 활동하는 현재 삶의 튼실한 외형 대신 깜빡이듯 흘러간 오래전 빈의 뒤안길에서의 하루를 여전히 생生의 내밀한 동력으로 여긴다.

회상되는 것은 세월이 아니다. 우리가 문득문득 떠올리는 것은 언제나 순간이다. 순간은 도도한 세월 앞에 늘 무릎을 꿇지만, 결정적인 지점에 되살아나서 그 모든 시간을 무화시킨다. 지루한 영원은

폭발하는 찰나를 동경한다.

집에 들어온 제시에게 캐모마일 티를 타준 셀린은 그에게 자신이 만든 노래를 들려준다. 노래에는 9년 전 그날의 일을 안타깝게 회상하는 여자의 마음이 고스란히 담겨 있다.

"왈츠 한번 들어보세요. 그냥 슬쩍 떠오르는 노래. 하룻밤 사랑의 노래. 그대에게는 하룻밤의 추억이었을지 몰라도 내게는 소중했던 시간. 그날은 나의 전부랍니다. 그런 사랑은 처음이었지요."

그리고 나서 셀린은 이 영화를 촬영할 무렵 사망한 재즈 싱어 니나 시몬을 흉내 내며 마지막 장면에서 제시에게 장난스럽게 묻는다. "자기, 이러다가 비행기 놓쳐." 제시가 여유롭게 답한다. "알아."

이제 질문은 형태를 바꿔 반복된다. 제시는 결국 비행기를 그냥 떠나보낸 뒤 셀린의 집에 남았을까. 아니면, 미래의 동력으로 삼을 수 있는 안타까운 이별을 다시 한 번 빚은 채 현실 대신 추억을 선택할까.

시디 플레이어에 니나 시몬의 앨범을 넣고 헤드폰을 꽂았다. 편안하면서 슬프고, 묵직하면서 살짝 떨리는 니나 시몬의 노래 〈당신이 알았더라면 If You Knew〉이 흘러나왔다. 당신이 알았더라면. 당신이 믿었더라면. 당신이 있었더라면.

숲을 이루지 못한 꽃은 안타깝고, 숲을 이룬 꽃은 시든다. 사랑에 대한 모든 가정법 문장은 줄이고 삼킨 말들이었다. 그러나 제시와 셀린의 사랑은 '해가 지기 전에' 결국 이야기와 노래로 남았다. 세월이 흐르고 또 흘러 그 이야기와 노래까지 잊혀진다 해도, 지금 이 순간만은.

:: 비포 선셋 Before Sunset, 2003

**감독 : 리처드 링클레이터    배우 : 에단 호크, 줄리 델피**

오스트리아 빈에서 하루를 함께 보내면서 낭만적인 사랑을 하고 헤어진 20대 청춘 남녀가 9년 뒤 프랑스 파리에서 재회하면서 시작한다. 그 사이에 작가가 된 남자와 환경운동가가 된 여자는 남자가 비행기로 떠나야 할 시간 직전까지 파리 곳곳을 헤매며 또다시 사랑을 나눈다. 〈비포 선라이즈〉로부터 9년 후의 이야기를 같은 감독과 배우들이 다시 모여 만들었다. 러닝 타임 79분과 실제 영화 속 시간이 거의 그대로 일치하는 이 작품은 놀라운 사실감과 사랑에 대한 통찰로 많은 영화팬들을 사로잡았다. 두 영화를 비교해서 보면 9년이란 시간이 배우의 외모와 분위기에 어떤 영향을 미치는지도 알 수 있다.

## 사랑은 소화불량으로 죽는다
〈내 남자친구의 결혼식〉, 시카고

시카고는 건축가들의 놀이터 같았다. 시 전체를 초토화시킨 1871년 대화재 이후 철저한 도시 설계로 이뤄진 각양각색 초고층 빌딩들의 스카이라인은 대단히 인상적이었다. 영화 〈내 남자친구의 결혼식〉의 궤적을 밟으려 항구 네이비 피어에서 출발하는 보트 투어에 참여했을 때 시카고는 무엇보다 높이로 압도해 왔다.

〈내 남자친구의 결혼식〉의 줄스에게 닥친 위기도 사랑 영화의 주인공이 겪어야 할 시련으로서는 시카고 대화재 못지않았다. 줄스에게 마이클은 절친한 친구일 뿐, 결혼은 전혀 염두에 두지 않고 있었던 상대. 그러나 마이클이 시카고 화이트삭스 구단주의 딸 키미와 결혼한다며 전화를 걸어왔을 때, 뒤늦게 그를 놓칠 수 없다고 생각한 줄스는 결혼식이 열리게 될 일요일까지 남은 4일 동안에 마이클의 마음을 되돌리려 시카고로 향한다. 이미 초토화된 사랑을 잿더미로부터 재건하기 위해. 상류층 가문과의 결혼을 앞두고 까마득히 하늘로 멀어지고 있는 사랑을 따내기 위해.

항구를 떠난 배 '이브닝 스타'는 곧바로 시카고의 심장부를 통과하는 시카고 강으로 접어들었다. 강을 따라 거슬러 오를 때 무엇보다 인상적이었던 것은 50여 개에 달하는 녹슨 철교들이었다. 낮은 다리 밑을 배가 문지르듯 아슬아슬 통과할 때마다, 도시는 콘크리트와 철근에 깃든 역사와 추억을 보여줬다. 다리 아래로 배가 들어갔다가 나올 때마다 그늘과 볕이 짧게 교차하면서 인상적인 명암을 만들어냈다.

마이클과 이 유람선을 타고서 시카고를 둘러보던 줄스가 간접적으로 애정 고백을 할 때도 배는 철교 밑을 지났다. 줄스의 마음을 알아챈 듯 여전히 모르는 듯 그녀의 고백 후 배가 다리 밑을 벗어나 찬란한 햇살 속으로 나왔을 때, 마이클은 줄스의 손을 잡고 부드럽게 선상에서 춤을 춘다. 언제가 그늘이고 언제가 볕일지를 예측하기는 힘들다. 그러나 햇볕 아래에서 다가올 그늘을 미리 걱정할 필요는 없다. 햇살 속에서는 부드럽게 손을 맞잡고 춤을 추는 것만으로도 충분하다.

폭이 좁은 시카고 강은 결코 깨끗하다고 할 수 없었지만, 관광객으로 가득한 유람선 위에서는 내내 탄성이 흘렀다. 모두들 강물을 내려

다보는 대신에 건물을 올려다봤기 때문이었다. 다리와 산책로에서 강을 내려다보는 시민들이 배를 향해 손을 흔드는 모습이 자주 보였다. 매일매일 수도 없이 봤을 관광객들을 향해 여전히 손을 흔들어주는 대도시 시민들의 모습이 의외였다. 그들을 바라보며 팔을 들어 답례하려 했으나 때마침 내리쬐는 강렬한 햇살에 눈이 부셔 포기했다.

  계단을 발견하고는 호기심에 아래층으로 내려갔다. 2층 갑판에는 사람이 가득했으나 1층에는 아무도 없었다. 그곳에서는 가이드의 요란한 해설 대신 J. 가일즈 밴드의 경쾌한 댄스곡 〈센터폴드 Centerfold〉

가 흐르고 있었다. 뱃머리에 서서 강을 내다보며 멜로디에 따라서 콧노래를 불렀다. 그러다 어느 틈에 가볍게 들썩이며 어깨춤을 추고 있는 나 자신을 발견했다.

시어스타워 근처를 지날 때, 언제인지 모르게 음악이 멈춘 스피커에서 이 빌딩에 대해 장황하게 소개하는 가이드의 목소리가 흘러나왔다. 시어스타워가 1974년부터 1996년까지 세상에서 가장 높은 건물이었다는 지적에 이어, 지난 30년간 진행된 전세계에서 제일 높은 빌딩 짓기 경쟁을 빠르게 숫자를 주워섬기며 설명했다. 그러고는 배가 마천루 사이에서 간신히 고개를 내민 시어스타워를 짧게 스쳐지나가는 몇 초 동안 입으로 사이렌 소리를 내가면서 "지금 이 순간이 아니면 안 되니 빨리 사진을 찍으세요"라고 거듭 외쳤다. 지금 2층에서 관광객들은 서둘러 카메라를 쳐들고 똑같은 각도에 똑같은 포즈로 시어스타워를 찍고 있을 것이다. 그렇게 찍은 시어스타워 사진을 나중에 다시 찾아보기나 할까.

'한때 가장 높았던 빌딩'은 '현재 가장 높은 빌딩'을 돋보이게 하기 위한 척도로나 사용될 뿐이다. '한때 그토록 아름다웠던 사랑'은, '현재이기에 가장 생생할 수밖에 없는 새로운 사랑' 앞에서 감상적인 원경遠景으로만 희미하게 흔적을 남긴다. 어느새 시어스타워가 까마득히 시야에서 멀어지고 있었다.

2층으로 되돌아왔다. 항구에 가까워져서인지 가이드의 말이 점점 더 빨라졌다. 대화재 이후 완벽하게 도시를 재건한 '시카고 정신'을 흡사 랩이라도 하듯 침을 튀기며 강조하던 그는 급기야 배가 멈추기 직전 마지막 2분간은 하모니카를 신나게 불며 노래를 열창하기까지 했다. 배에서 내리던 관광객들은 예외 없이 팁을 통해 그에게 인사했다. 미국 각지를 여행할 때마다 언제나 느꼈듯이, 이곳에서는 모든 것이 '쇼'였다.

네이비 피어에는 강력한 바람이 몰아치고 있었다. 그러나 돌풍에도 아랑곳하지 않는 갈매기들은 방파제를 온통 뒤덮은 채 끼룩거렸다. 인적이 드문 바닷가를 점령하고 일제히 소리를 지르는 새떼는

이악스러웠다. 사실 떼를 이루고 있는 모든 것은 이악스럽다.

부둣가 끝에는 '시카고'라는 이름을 가진, 제2차 세계대전 당시 전함의 8톤짜리 닻이 전시되어 있었다. 흔들리는 물결 속에서 흔들리지 않기 위해 마련된 육중한 쇳덩어리는 격렬한 세파$^{世波}$에 휩쓸리지 않으려는 노력이 얼마나 무모한지를 역설적으로 증명했다.

거대한 닻의 고리 사이로 아이들 넷이 밝게 웃으며 얼굴을 내민 채 사진을 찍고 있는 모습이 눈에 들어왔다. 닻 위로 높게 매단 깃발 세 개가 거센 바람을 맞아 바다를 향해 격렬하게 펄럭였다. 미국 국기와 일리노이 주의 깃발, 그리고 해군 깃발. 해풍에 깃발이 힘차게 펄럭이는 소리는 묘하게 감동적이었다. 깃발은 그 모든 바람을 안고서도 상처 하나 없이 의연했다. 바람을 이기는 유일한 방법은 바람에 몸을 맡기는 것이었다.

시카고에 밤늦게 도착했던 첫날, 줄스가 머물렀던 드레이크 호텔에서 잤다. 100여 년 전 드레이크 형제가 세운 이 호텔은 다운타운의 특급호텔들 중에서도 가장 역사가 오래된 곳이었다. 호텔 프런트에서 줄스가 묵었던 703호실을 달라고 부탁했지만, 이미 누군가가 투숙중이라는 답이 돌아왔다. 그 대신 직원은 뜻하지 않게도, 내가 지불한 일반 객실비에 추가 비용 없이 스위트룸으로 업그레이드해 주었다. 객실 복도의 바닥은 영화에서 본 대로 붉은 카펫이었으나 벽지는 영화 속의 줄무늬에서 베이지색 꽃무늬로 바뀌어 있었다.

객실과 실내장식은 우아하고 고급스러웠다. 화장실 두 개에 킹사

이즈 침대 두 개, 그리고 거실까지 딸린 커다란 객실에 홀로 들어서니, 피로보다는 외로움이 짙게 몰려왔다. 자책감과 절망감에 이 호텔 객실 밖의 조용한 복도에 쭈그리고 앉아서 담배를 피워 물었던 줄스가 떠올랐다. 베개를 등받이 삼아 침대에 비스듬히 앉아서 미리 준비해 온 시디를 꺼내 틀었다. 드레이크 호텔에서 닉 드레이크를 들으면 멋지지 않을까.

그런 생각은 오산이었다. 기타 반주 하나로 고독과 절망을 나지막이 토해내는 영국 포크 가수 닉 드레이크의 목소리와 함께 시카고의 첫밤을 맞고 있자니 일순간에 마음이 무겁게 가라앉았다. 그의 노래 〈웨이 투 블루Way To Blue〉가 의미하듯 그건 우울로 가는 길이었다. 록 밴드 시카고의 베스트 앨범으로 갈아 끼웠다. 뿜빰대는 관악기의 익숙하고 편안한 배음이 마음의 부담을 덜어줬다. 하긴, 로맨틱 코미디의 흔적을 찾아온 이 사랑의 도시에서 닉 드레이크라니, 이 무슨 궁상이람.

〈내 남자친구의 결혼식〉은 아마도 시카고를 가장 예쁘게 찍은 영화일 것이다. 〈왓 위민 원트〉[2000]와 〈레이크 하우스〉[2006]를 비롯해 시카고에서 찍은 수많은 사랑 영화 중에서도 〈내 남자친구의 결혼식〉의 로맨틱한 도시적 감성은 단연 돋보인다. 마이클과 결혼하게 될 키미를 시카고 화이트삭스 구단주의 딸로 설정해서 시카고 최고의 레스토랑으로 손꼽히는 찰리 트로터스 레스토랑부터 힐튼 호텔 펜트하우스 파티장과 최고급 웨딩 드레스숍까지 화려한 상류 사회의 면면을 다뤄냈고, 마이클을 평범한 집안의 저널리스트로 설정해서 시카고 루프전철의 녹슨 계단 같은 서민적 풍광까지 인상적으로 담아냈다. 물론 시카고 시민들의 자랑인 시카고 화이트삭스 전용 구장도.

같은 도시라도 어떤 영화를 테마로 잡느냐에 따라서 여행의 색깔은 완전히 달라졌다. 만일 〈내 남자친구의 결혼식〉 대신 뮤지컬 〈시카고〉[2002]나 알 카포네를 주인공으로 삼은 갱 영화를 테마로 잡았다면 여정의 분위기도 확연히 달라졌을 것이다. 심지어, 끔찍하기 이를 데 없는 연쇄살인극 〈헨리 : 연쇄살인자의 초상〉[1986]이나 시리즈 영화로 제작되며 거듭 악몽을 안겨줬던 〈사탄의 인형〉[1988]까지도 시카고가 무대였다.

　드레이크 호텔 옆은 미시건 호수의 오크 스트리트 비치였다. 모처럼 맑은 금요일 오후, 도심의 해변 산책로는 운동하는 사람들로 가득했다. 달리는 사람들은 하나같이 멋진 몸을 갖고 있었다. 잠시 눈을 돌리다가 산책로 벤치에 앉아 햄버거를 먹고 있는 뚱뚱한 남자와 눈이 마주쳤다.

　뛰어야 할 사람들은 뛰지 않고, 달릴 필요가 없어 보이는 사람들은 달리는 역설적 상황은 사랑에서도 마찬가지였다. 행복한 결혼을 앞둔 마이클에게는 더이상 필요 없는 줄스의 사랑까지 집요하게 따라붙고, 오랜 세월 바로 곁에 사랑을 두고도 알아보지 못했던 줄스는 뒤늦게 허둥지둥한다. 사랑은 굶주려 죽지 않는다. 그것은 늘 소화불량으로 죽는다.

　산책로는 붐볐지만 넓은 모래밭에는 정작 사람이 거의 없었다. 그 때문인지 해변 한가운데에서 서로 허리를 감싸 안은 채 기대고 선 연인들의 모습이 눈에 도드라지게 들어왔다. 그들은 10분도 넘게 똑같은 자세로 꼼짝 않고 서서, 눈이 멀도록 바다만 바라보고 있었다. 해변 오른쪽으로 눈을 돌리자, 한 여자가 모래사장에 엎드려 책을 읽고 있는 모습도 발견할 수 있었다.

　둘 다 보기만 해도 기분이 좋아지는 '그림'이었다. 그런데 적어도 그 순간, 좀더 부러운 것은 왼쪽 풍경이었다. 합승한 택시의 뒷좌석

에서 뜨겁게 키스에 몰두하는 남녀는 꼴불견인데, 왜 바닷가에서 사랑을 나누는 연인들은 아름답게만 느껴지는 것일까. 봄인데도 아직 쌀쌀한 시카고의 바람은 왜 옆구리 근처에서만 맴도는 걸까.

키미와 마이클의 결혼식이 열린 제4 장로교회는 시카고에서 가장 고급스러운 쇼핑가인 매그니피슨트 마일의 한가운데에 있었다. 예배당 의자에 잠시 앉아 있을 때는 몰랐지만, 밖으로 나와 담쟁이덩굴로 벽이 뒤덮인 어두운 색의 교회 건물 전체를 바라보니, 화려하기 이를 데 없는 주변의 초현대식 고층 건물 숲에 전혀 어울리지 않

는 풍경이었다.

　모두들 쇼핑 타운의 쇼윈도만 바라보는 상황에서 한 가족이 교회의 안뜰로 서둘러 들어가는 것을 보고 조심스레 따라갔다. 그런데 그 가족이 교회 마당으로 들어선 이유는 내 예상과 완전히 달랐다. 그건 오로지 건너편에 마주 보이는 300미터 높이의 초고층 건물인 존 핸콕 센터의 전체 모습을 온전히 사진에 담기 위해서였다. 시카고에서는 누구나 위만 바라봤다. 현대인들이 올려다보는 것은 밤하늘의 별이 아니었다.

　오후 3시가 되자 교회에서 종소리가 울려 퍼졌다. 그러나 종탑의 종은 움직이지 않았다. 녹음된 종소리였기 때문이다. 하루가 서서히 막을 내리면서 현란한 네온사인들로 점점 더 화려해지는 대도시의 한복판에서, 성聖은 밀려드는 속俗의 도도한 물결 속에서 스스로를 지켜내려 안간힘을 쓰고 있었다.

　이 영화의 후반부에서 유니언 스테이션에 간 줄스는 견디다 못해 둘 사이를 갈라놓기 위해 음모를 꾸몄다는 사실을 마이클에게 고백한다. 고백을 마친 후 자괴심 때문에 줄스는 바닥에 주저앉아 스스로를 호수 밑바닥의 곰팡이 같은 인간이라고 자조하고, 진실을 알게 되어 화가 난 마이클은 줄스에게 그보다 더 더럽고 더 지독한 인간이라고 대꾸한다. 서로가 서로를 흘깃거리는 기차역 대합실 한복판에서. 끝내 사랑으로 화化하지 못한 우정의 끄트머리에서.

　유니언 스테이션은 예상과 달리 무척이나 조용했다. 뉴욕 맨해튼의 그랜드센트럴 스테이션과 흡사한 구조의 이 기차역 대합실 한가운데에는 작은 시계탑이 서 있고 양쪽 끝에는 거대한 성조기가 드리워져 있었다. 대합실에는 열 명도 넘게 앉을 만큼 긴 나무 의자 열두 개가 듬성듬성 놓여 있었지만 정작 의자에 앉아 있는 사람은 거의 없었다. 용서를 비는 줄스를 마이클이 복잡한 표정으로 바라볼 때 앉았던 의자로 가니, 건너편에 부부로 여겨지는 80대가량의 노인들이 보였다.

  세상의 끝에, 혹은 삶의 끝에 간신히 매달린 듯, 그들은 그 넓은 의자의 맨 구석에 나란히 몸을 부려놓고 있었다. 인생의 모든 맛을

다 보느라 표정마저 잃어버린 듯, 노인들은 아무런 감정이 담기지 않은 맨 얼굴로 저 멀리 앞만 바라보고 있었다. 그들의 시선을 따라가보니, 의자 위에서 정신없이 장난치고 있는 아이들의 모습이 눈에 들어왔다.

오래도록 아무 말 없이 아이들을 바라보고 나서 할아버지가 문득 손목시계를 쳐다봤다. 그러자 할머니는 시간도 확인하지 않은 채 먼저 일어섰다. 두 노인은 앞뒤로 일정한 간격을 두고 서서, 선로를 향해, 한 손에 지팡이나 가방을 든 채로, 금세 멈춰 서기라도 할 듯 천천히, 아주 천천히 걸음을 옮겼다. 꽤 긴 시간 동안 그들을 지켜봤지만 두 사람이 입을 열거나 서로 마주 보는 모습은 목격하지 못했다.

손끝에서 놓쳐버린 현재 사랑의 안타까움이 생생히 아로새겨져 있는 〈내 남자친구의 결혼식〉의 도시 시카고에서, 어느 사랑의 미래는 그렇게 지친 몸을 이끌고 내 눈앞에서 사라져갔다. 지팡이 하나로 간신히 무력감을 지탱하고 가방 하나에 겨우 권태를 우겨 넣은 채 노곤한 여정을 또다시 떠나는 어떤 인연. 잉여의 공간에 듬성듬성 남은 사람들이 서로 낮은 목소리로 간간이 말을 섞는 소리가 비현실적인 배음이 되어 대합실의 휑한 공기 속을 느릿느릿 떠돌았다.

유니언 스테이션을 나와서 시내로 향했다. 세계에서 가장 고층 건물이 많다는 시카고의 마천루 사이를 〈레이크 하우스〉의 샌드라 불럭처럼 무심히 거닐었다. 〈내 남자친구의 결혼식〉에서 키미의 아버지 회사가 소유한 월러스 컴퍼니 빌딩으로 나왔던 '77 웨스트 웨커

드라이브 빌딩'은 주로 법률회사들이 들어서 있는 50층의 세련된 건물이었다. 하얀 대리석으로 지은 웅장한 건물 안으로 회전문을 밀어 들어서니 화이트 초콜릿처럼 모던하고 고급스러운 로비가 나왔다. 양복 차림의 경비원들은 딱딱하게 굳은 얼굴로, 마치 세상에서 가장 중요한 일을 수행하고 있다는 듯이 출입증을 부착하지 않은 사람들에게 일일이 방문 이유를 물었다.

　회전문 하나로 출입이 통제되는 바람에 들어오거나 나가는 사람들은 가끔씩 서서 자신의 차례를 기다려야 했다. 아무리 화려하고 섬세한 사랑도 입구와 출구는 종종 너무 비좁다. 어떤 이들에게는 한순간에 사랑에 빠지는 것도 어렵지만, 권태롭고 상처 많은 사랑에서 벗어나기도 어렵다.

　1층에서 서성대면서 로비 사진을 찍고 메모를 하고 나서, 잠시 회전문 앞에서 순서를 기다린 후 요새 같은 빌딩을 나섰다. 건물 전면 벽에 부착된 거울 유리창에 비친 구름들이 푸른 하늘에서보다 훨씬 더 빠르게 흘러갔다. 실제 겪어낼 때는 느리기만 한 사랑의 고통이라는 것도, 시간이 흘러 마음의 거울에 되비쳐낼 때는 까마득하고 멀기만 하다. 77 웨스트 웨커 드라이브 빌딩 앞의 개폐교開閉橋인 디어본 스트리트 브리지가 아련한 종소리를 남기고 서서히 닫히고 있었다.

　이 영화의 하이라이트는 쿠니오 저택에서 촬영되었다. 영화 속 분위기를 제대로 느끼고 싶어, 일부러 사람이 많을 법한 토요일 오후

를 골랐다. 시카고 북쪽으로 한 시간쯤 차를 달리자 쿠니오 저택이 나타났다. 그러나 이른 봄의 흐린 주말에 쿠니오 저택과 정원에는 아무도 없었다. 날씨라도 좋았던 전날 금요일에 올걸. 뒤늦은 후회가 밀려왔다. 날씨든 사랑이든, 아니면 삶이든, 문제의 상당수는 타이밍과 관계가 있다.

12달러의 입장료를 지불하고 저택에 들어섰다. 셜리라고 자신을 소개한 자원봉사자 할머니가 모처럼 찾아온 손님을 구석구석으로 안내하며 더없이 친절하게 설명해 주었다. 셜리 할머니는 이탈리아에서 미국으로 이민 온 후 기업가로 성공해 이 저택에서 살면서 갖가지 고가구와 골동품을 모았다는 쿠니오 가문의 이야기를 상세히 들려줬다.

이야기를 듣다가 내가 먼저 〈내 남자친구의 결혼식〉을 화제로 삼았다. 셜리 할머니가 "저택 내부에서도 정말 많이 찍었어요. 그런데 나중에 보니 바깥 정원만 나올 뿐 저택 안은 거의 나오지 않더라구요"라면서 아쉬워했다. 살짝 웃음을 머금은 채 "영화라는 게 원래 그래요"라고 말했지만, 미소로 가득했던 할머니도 그 대목에서만큼은 밝은 얼굴로 화답하는 대신 잠시 입술을 삐죽 내밀었다. 안내가 끝날 무렵 팁을 건네려 했다. 그러나 "자원봉사자는 팁을 받지 않아요"라며 할머니가 부드러운 웃음으로 거절하시는 바람에 너무나 무안해졌다.

민망함을 감추려 정원으로 나섰다. 정원은 영화 속 풍경을 그대로 안고 있었다. 키미와 마이클의 결혼식 직전, 최악의 타이밍에서 줄스가 마이클에게 노골적으로 프러포즈하고 키스했던 정자가 먼저 눈에 들어왔다. 영화 속에서 철제 정자로 보였던 그 구조물은 페인트칠을 한 나무로 지어졌다. 정자 옆에는 그 광경을 우연히 목격하고서 키미가 놀라 뛰어갔던 잔디밭이 펼쳐져 있었다. 정자가 서 있는 위치가 조금 높은 곳이어서, 이곳에서 키스를 하면 멀리 있는 사람들에게도 쉽게 발각될 만도 했다. 키미를 붙잡으려 마이클이 뛰어가고 그런 마이클의 뒤를 따라 줄스가 달려가던 잔디밭 양 옆에는 영화 속 광경 그대로 오래된 석상 열두 개가 늘어서 있었다.

사랑의 종말을 선언하는 것은 입이지만, 그 선언을 실천하는 것은 등이다. 다른 이의 등을 향해 필사적으로 달려가는 연인의 등을 바라보며 재차 쫓아갈 수밖에 없었던 사람의 절망은 열두 개 석상의 얼굴 부위에 검버섯처럼 내려앉은 녹색 이끼로 남아 있었다. 석상 사이 잔디밭을 청둥오리 두 마리가 꺽꺽 소리를 내면서 뒤뚱뒤뚱 걸어 다녔다.

쿠니오 저택에서 시카고로 돌아오는 길에 잠시 US 셀룰러 필드에 들렀다. 그곳은 메이저리그 시카고 화이트삭스의 전용 구장. 키미의 아버지가 화이트삭스의 구단주고 마이클이 메이저리그 취재 기자인 것으로 설정되어 있어서 자연스레 영화 속에서 여러 차례 등장한 곳이었다. 1991년에 완공된 이 구장은 화장실조차 야구 배트를 휘두르는 사람의 모습으로 표시되었다. 여자 화장실 입구 팻말에는 치마를 입은 여자 야구선수가 멋진 폼으로 타격 자세를 취하고 있었다. 매표소에는 일별 경기 일정이 빽빽한 가운데, 14달러에서 56달러까지 다양한 가격의 입장 요금이 적혀 있었다.

2005년 월드 시리즈에서 우승한 기억이 아직도 자랑스러운 시민들은 기념품점에 들러 물건을 구입했다. 우승이 확정되는 순간 서로를 부둥켜안고 감격을 나누는 선수들 사진 위에 "Believe it! 정말이라니까요!"이라고 제목을 단 〈시카고 트리뷴〉의 기사를 그대로 박아놓은 티셔츠가 가장 인기였다. "2005년 월드 시리즈 챔피언의 본거지"라고 쓰인 거대한 현수막도 구장 벽에 붙어 있었다. 사람들의 마음을 사로잡는 것은 결국 단 하나의 강렬한 이미지였다. 구장에는 루크 애플링, 넬리 폭스, 프랭크 토머스 등 시카고 화이트삭스를 빛내온 전설적인 선수들의 초대형 사진도 함께 전시되어 있었다.

시내로 들어오다가 '아트 인스티튜트 오브 시카고' 건물 앞에서 결혼식을 마치고 기념 촬영을 하고 있는 어느 커플과 하객들을 발견했다. 바로 차에서 내렸다. 요구받을 때마다 과장된 즐거움을 한껏 얼굴에 띄워 올리면서 이런저런 포즈를 취하던 그들은 사진사가 다 끝났음을 알리면서 "오케이"라고 외치자 일제히 손을 올리면서 함성을 질렀다. "Just Married! 방금 결혼했어요!"라고 적혀 있는 리무진 버스는 겉면을 나무 재질로 고풍스럽게 디자인했다.

연신 웃는 신랑은 무척 행복해 보였다. 드레스 자락을 들어 올리며 걷는 신부는 더없이 아름다웠다. 행복의 예감으로 한껏 즐거워하는 커플의 모습은 며칠 시카고에 머무는 동안 몇 차례 우울한 순간을 경험했던 여행객의 마음에도 잠시 환한 빛을 비춰줬다. 적어도 지금은 고개를 떨어뜨린 줄스를 잠시 잊고 키미와 마이클을 향해 좀 과장된 동작과 표정으로 맘껏 축하의 박수를 보내도 좋을 것이다. 오후 5시. 갑자기 떨어진 기온 때문에 텅 빈 듯 스산했던 시카고 거리에 모처럼 활기가 흘렀다.

해질 무렵 다시 시카고 강을 찾았다. 이번에는 배를 타는 대신 강변을 따라 천천히 걸었다. 다리를 건너다가 유람선이 지나가는 것을 보자 나도 모르게 손을 번쩍 들어 흔들기 시작했다. 가깝지 않은 거

리였는데도 갑판에 앉은 사람들의 표정 하나하나가 그대로 보였다. 유람선에 탄 사람들도 밝게 웃으며 내게 손을 흔들어 답례했다. 올려다볼 때는 고층 건물만 눈에 들어왔지만, 내려다보니 강이 보였고 사람이 보였다.

결국 기미와 결혼하게 된 마이클을 축복하며 줄스는 흔쾌히 손을 흔든다. 그녀는 사랑을 잃었지만 자존을 되찾았다. 처음 도착했을 때 가장 인상적인 것은 건축이었지만, 이 도시를 떠난 뒤 가장 먼저 떠오르게 될 것은 아마도 손 흔들던 사람들의 미소일 것이다.

해가 건물 사이로 내려앉을 때 배 역시 멀리 다리 아래로 사라져 가기 시작했다. 갑자기 비까지 뿌리며 강풍이 불어왔다. '바람의 도시'라는 별칭으로 불리는 시카고다운 바람이었다. 돌아서서 바람을 등에 받으며 천천히 걸었다. 고개를 숙인 채 귀갓길을 서두르는 인파 사이에서. 바람이 부는 대로 걸어가는 것도 그리 나쁘지 않았다.

:: 내 남자친구의 결혼식 My Best Friend's Wedding, 1997
감독 : P. J. 호건   배우 : 줄리아 로버츠, 더모트 멀로니, 캐머런 디아즈

줄리아 로버츠와 캐머런 디아즈의 매력이 잘 살아 있는 로맨틱 코미디 수작. 오랜 남자친구가 결혼 소식을 알려오자 뒤늦게 사랑을 깨닫고 필사적으로 매달리는 여자의 이야기를 유쾌하게 다뤘다. 대다수의 로맨틱 코미디가 판에 박은 해피엔드로 끝을 맺는 데 비해, 이 성숙한 영화는 주인공이 사랑을 얻는 데 실패하는 과정을 보여주고도 달콤함을 잃지 않는 매력을 지녔다. 〈뮤리엘의 웨딩〉[1994]을 만들었던 P. J. 호건이 연출했다.

## 시간을 견뎌낸 모든 것은

〈이터널 선샤인〉, 몬탁

"사랑은 자동차처럼 아무 문제가 없다. 문제가 되는 것은 그저 핸들과 승객, 그리고 도로 사정뿐이다." – 프란츠 카프카

### 핸들

좁은 모퉁이를 돌 때마다 뻑뻑한 핸들 탓을 했다. '밸런타인 레인 123번지'가 나올 때까지 급격하게 휘어지면서 이어지는 도로를 뱅뱅 돌며 한참을 헤맸다. 주소 하나 달랑 들고 지도책 뒤져가며 영화의 촬영지를 찾아나서는 여정은 늘 이런 식이었다.

뉴욕시 북쪽 20여킬로미터 지점에 있는 욘커스시의 평일 오후는 한산했다. 영화 〈이터널 선샤인〉의 주인공 조엘이 살았던 아파트를

**VALENTINE LA**

NO PARKING
TUESDAY
9 AM-11 AM

DRUG FREE ZONE

DEAD END

마침내 찾아내고 보니, 흑인 거주 지역 한가운데 있었다. '에덴데일'이라는 이름의 7층짜리 그 아파트는 허름한 주변 건물들에 비해 유독 깔끔했다. 내부를 둘러보기 위해 붉은 벽돌로 지은 건물 안으로 들어서려 할 때, 울긋불긋 곱게 차려입은 할머니가 때마침 나오다 문을 잡아주며 환한 미소로 인사를 건넸다. 아파트 건물 내부의 현관문들은 전부 파란색이었다.

적은 제작비로 찍은 이 영화의 뉴욕시 인근 촬영지들은 저소득층 주민들이 모여 사는 곳인 경우가 많았다. 욘커스에 오기 직전 들렀던 이 영화의 또다른 촬영지 마운트 버논 지역도 다를 바 없었다. 바지를 반쯤 내려 입어서 엉덩이가 거의 다 드러나는 흑인 청년들이 농구를 하고 있던 마운트 버논의 하틀리 파크는 공원임에도 삭막하기 이를 데 없었으니까.

에덴데일에서 나와 언덕길 아래로 천천히 걷다가 사거리에 '드럭 프리 존Drug Free Zone'이라는 표지판이 세워져 있는 것을 발견했다. 마약 범죄를 근절하기 위해 우범 지대 곳곳에 세워놓고 마약 관련 범죄가 발생하면 가중처벌하는 지역임을 알리는 그 글귀는 역설적으로 그곳이 불안한 마음으로 살아갈 수밖에 없는 곳임을 공언하는 낙인과도 같았다.

다시 차에 올랐다. 차를 처음 몰게 되면 누구나 핸들을 거머쥐고 서 질주하고 싶은 욕망을 느낀다. 그러나 오래도록 운전하면 그만 핸들을 놓아버리고 싶은 순간이 불현듯 찾아온다. 〈이터널 선샤인〉

은 시간이 흐를수록 함께 지내는 기쁨보다는 부대끼는 권태가 더 커져서 이별을 맞게 된 연인들의 이야기를 다룬 작품이었다. 그런 영화의 주인공이 살아가는 거리 이름이 낭만적이기 이를 데 없는 '밸런타인 길'이라니. 마약으로 신음하는 마을 한가운데 우뚝 선 아파트 이름이 낙원을 앙망하는 '에덴 골짜기'라니.

황량한 세상은 이름을 통해서 간신히 꿈꾼다. 그러고 보니 〈이터널 선샤인〉의 이야기는 밸런타인데이에 헤어진 두 연인이 재회하면서 시작되는 영화이기도 했다. 현실과 영화는 그렇게 서로 어깨를 겯고 낭만을 희구한다. 이름을 부르고 또 불러서 입술에 희망이 붙을 때까지. 고단한 두 발은 뽀얀 흙먼지로 뒤범벅되더라도.

### 승객

평일 낮. 몬탁으로 가는 기차에 오른 승객은 거의 없었다. 뉴욕 동쪽으로 길게 뻗어 있는 섬 롱아일랜드의 끝에 있는 몬탁으로 가기 위해서는 맨해튼에서 3시간가량 기차를 타야 했다. 복층 구조의 2층 기차 안에서 대부분 혼자인 승객들은 드문드문 따로 앉아 멍하니 창밖을 바라보거나 눈을 감고 잠을 청했다. 건너편 자리에 앉은 남자와 시선이 마주쳐서 간단히 인사를 건넨 뒤에 이런저런 이야기를 나누다가 〈이터널 선샤인〉을 봤냐고 물었다. "아, 짐 캐리 영화요?"라고 되받은 그는 안 봤다고 짧게 답했다. 창밖으로 눈을 돌렸다가 다시 쳐다보니 봄인데도 검은 롱코트를 입고 있던 그 남자는 귀찮은

질문이 싫다는 듯 아예 눈을 감고 있었다.

몬탁이 가까워오자 기차는 바다를 끼고 숲을 달렸다. 소나무 숲 사이로 소담스럽게 햇살이 쏟아졌다. 오후 2시 20분에 종착역 몬탁에 도착했다. 내린 승객은 나를 포함해 모두 일곱 사람이었다. 조금 긴 듯한 여정의 끝에서, 승객들은 저마다 자리에 햄버거 봉지나 콜라 캔 같은 쓰레기들을 남겨놓고 사라졌다. 열차 도착 시간에 맞춰서 택시 두 대가 흙바닥 주차장에서 손님을 기다리며 대기하고 있었다.

한국의 정동진 같은 곳이라고 할까. 뉴요커들이 대서양의 일출을 보기 위해 찾곤 하는 미국의 동쪽 끝 마을 몬탁은 폭이 3미터 정도 되는 작은 플랫폼 하나를 통해 세상 끝에 가까스로 매달려 있었다. 클레멘타인을 보고 호감을 느끼고도 내성적인 성격 탓에 속으로 삭여야 했던 조엘에게, 클레멘타인은 이 플랫폼에서 기둥 뒤로 몸을 감추고 드러내기를 반복하며 장난스럽게 인사하는 것으로 성큼 다가선다.

기차는 현대적이고 깔끔했지만, 철로는 잔뜩 녹이 슬었다. 철길 주변에 누르게 시든 잡초가 무성했다. 종착역의 철로는 문을 닫아건 작은 역사驛舍 옆에서 끊겨 있었다. 철로 옆 '데드 엔드Dead End'라고 적힌 표지판마저 휘어져서 황량함을 더했다. 오래된 연인들이 그리는 궤적은 두 줄 철길과도 같다. 아주 가까운 거리에서 마주 보며 긴 시간을 함께 갈 수 있는. 그러나 합쳐져 완전히 같은 하나의 길을 이룰 수는 없는. 그러다가 종종 막다른 지점을 만나기도 하는.

플랫폼에 서 있던 기차는 기적을 몇 차례 거듭 길게 울린 뒤 왔던 길을 거슬러 다시 뉴욕으로 떠나갔다. 머뭇거리는 사이에 텅 빈 공터에 혼자 남았다. 승객이란 결국 '손님'일 뿐이다. 약간의 삯을 지불하고 잠시 몸을 맡긴 객客일 뿐, 주인일 수는 없다. 종착역에 이르러 승객을 내려놓으면 그뿐, 다시 출발하는 차는 손님의 귀로를 걱정하지 않는다. 삶은 시간을 애타게 흠모하지만 시간은 그저 무덤덤하게 제 길을 갈 뿐이다.

〈이터널 선샤인〉을 보면서 가장 가고 싶었던 곳은 바로 몬탁의 바닷가였다. 그 영화를 본 사람이면 누구나 그랬을 것이다. 겨울에 촬

영한 몬탁의 쌀쌀하고 쓸쓸한 해변은 두 사람의 사랑이 두 차례나 시작된 곳이니까. 그곳에서 처음 만난 조엘과 클레멘타인은 곧바로 연인이 된다. 그러다가 시간이 흘러 서로에게 진력이 난 두 연인은 첨단기술의 도움으로 추억을 삭제한다. 그럼에도 불구하고 두 사람은 밸런타인데이가 되자 어렴풋이 몸이 이끄는 대로 다시 몬탁에 가서 서로를 알아보지 못한 채로 똑같은 사랑을 재차 시작한다. 뇌는 기억 못해도 심장은 기억한다. 먼저 기억하는 것은 정신이지만, 끝까지 기억하는 것은 언제나 몸이다.

봄날의 늦은 오후. 몬탁의 해변을 거닐었다. 영화에서의 느낌에 비하면, 바다는 좀더 넓었고 모래사장은 좀더 작았다. 파도가 대지를 탐한 흔적이 가늘고 고운 모래 위에 여러 겹의 부챗살 무늬로 남아 있었다. 부챗살 아래쪽에는 파도에 쓸려 올라간 작은 자갈들이 옹기종기 무리를 지어 모여 있었다. 이제 다시 파도가 오면 자갈들은 이별과 만남을 반복하면서 또다른 무리를 이룰 것이다.

모래밭 곳곳에는 개의 발자국과 새의 발자국이 나란히 찍혀 있었다. 개와 새가 함께 바닷가를 거닐었을 리는 없지만, 각자가 같은 곳에 남기고 간 자취는 공존의 안온함을 전했다. 시간을 두고 보면 모든 삶은 존재의 그늘을 서로에게 드리우며 겹친다.

해변에 늘어선 숙박 시설들은 제철을 기다리며 모두 문을 닫아걸었지만, 바다에서 불어오는 바람은 조금 쌀쌀한 듯 더없이 상큼했다. 여름을 기다리는 문명이 게으름을 피우는 동안, 바다는 부지런

히 봄을 실어 나르고 있었다.

　대서양을 내다보는 동쪽 끝 바위 언덕 위에는 '몬탁 포인트 라이트하우스'라는 등대가 있었다. 귀까지 덮는 모자를 쓴 연인들이 등대 옆 벤치에 앉아 서로의 어깨를 가볍게 손으로 쳐가면서 하염없이 이야기를 나누는 모습이 눈에 들어왔다. 등대 아래 바다는 맑았다. 그런데 그 바다에서 물보다 더 맑은 것은 소리였다. 사운드의 벽을 몇 개씩 만들어내면서 작은 바위들에 부딪치는 파도 소리가 세상의 반대쪽 끝에서 실어온 이야기를 끊임없이 속살거렸다.

　몬탁을 떠나는 길에 또다른 해변으로 가는 표지판을 보고서 충동적으로 차를 돌렸다. 아우터 비치 Outer Beach라는 평범한 이름의 그 해변은 모래와 자갈이 섞인 볼품없는 바닷가였다. 그런데 해가 저물어가는 해변을 홀로 거닐다가, 걸어 들어갔던 모래길을 되돌아 나오면서 조금 이상한 광경을 발견했다. 해변으로 오갈 수 있는 길은 이것 하나밖에 없는데, 모래 위에 선명히 남아 있는 세 줄기 발자국은 전부 바다 쪽을 향하고 있었다. 텅 빈 해변에는 나밖에 없었는데, 내 것을 제외한 두 줄기 발자국의 주인공들은 어디로 간 것일까.

**도로**

 맨해튼의 도로 사정은 언제나 최악이었다. 극중 클레멘타인이 일하는 곳으로 나왔던 컬럼비아 대학 구내서점 앞에 겨우 도착한 뒤 주차할 곳을 찾지 못해 한참을 헤맸다. 토요일이었지만 서점에는 꽤 많은 손님이 있었다. 이 서점은 조엘에 대한 기억을 지웠기에 그를 알아보지 못하는 클레멘타인이, 조엘의 눈앞에서 새로 사귀게 된 다른 남자와 키스했던 장소였다.

 지하에 있는 그 서점을 기웃거리다가 할리우드 야사野史를 다룬 책과 미국의 하류층 노동 문제를 파헤친 책을 집어 들었다. 계산을 기다리며 서 있다가 앞의 여학생이 《다윈상 The Darwin Awards》이라는 책을 들고 있는 것을 봤다. 국내에도 출간되어 나 역시 흥미롭게 읽은 적이 있는 그 책은 어처구니없는 실수를 저질러 죽음으로써 역설적으로 인류의 진화에 기여한 사람들의 실화를 모아놓은 책이었다. 바닷가에서 욕조를 보트처럼 띄워놓고 물놀이를 즐기다가 물이 들어온다고 물 빼는 바닥의 마개를 뽑아서 익사한 사람, 건물 옥상에서 번지점프를 즐기기 위해 발을 묶고 아래로 뛰어내리다가 장력張力을 염두에 두지 않은 밧줄의 긴 길이 때문에 바닥에 부딪쳐 사망한 사람까지, 황당하기 이를 데 없는 실수로 마지막을 맞은 죽음의 사연들이 그 책에 빼곡했다.

 조엘과 클레멘타인은, 오래된 연인들은, 작은 일로 다툴 때조차 가장 잔인한 말로 서로를 찌르는 실수를 저지른다. 조엘은 클레멘타인에게 헤프다고 비난하고 클레멘타인은 조엘이 따분하다고 조롱한다. 깊숙한 자상刺傷을 입어 상대가 괴로워하는 모습을 목도하고서야 뒤늦게 후회하지만, 오래 지속된 관계는 종종 어처구니없을 정도로 사소한 원인으로 종말을 맞는다.

주말에도 별로 호전되지 않는 끔찍한 도로 사정 때문에 맨해튼에서는 차를 세워두고 걷는 게 차라리 나았다. 보슬비가 내리는 센트럴파크에 들어서자 때마침 시민 마라톤 대회가 열리고 있었다. 무리를 짓거나 혼자서 뛰고 있는 사람들 사이에서 두 연인이 손을 꼭 쥐고 천천히 달리는 모습이 눈에 들어왔다. 둘 모두 귀에는 각각 이어폰을 꽂고 있었다. 그 모습을 보자니 갑자기 궁금해졌다. 두 사람이 듣고 있는 노래는 어떤 곡일까. 그 노래가 사랑에 마라톤을 비유한 테디 가이거의 〈사랑은 마라톤Love Is a Marathon〉 같은 노래라면 어떨까.

"당신은 누군가의 가슴으로 달려가기 위해 사랑을 하죠. 그러고는 신발과 양말을 벗고 잠시 머무르죠. 당신은 아드레날린이 솟구치는 것을 좋아하죠. 좀 지나칠 정도로요. 매일매일 허겁지겁 사는 당신은 그러면서 왜 스스로 불만족스러운지 궁금해 하죠. 내가 말해 드릴까요. 왜냐하면 사랑은 마라톤이기 때문이거든요. 왜냐하면 길고도 열린 길이야말로 좋은 것이니까요. 천천히 그리고 페이스에 맞게. 왜냐하면 결국 길고도 열린 길이야말로 좋은 것이니까요."

마라톤은 사실 관성이 기본 동력의 역할을 하는 스포츠다. 이미 내디딘 발을 나머지 발이 관성적으로 따라가는 일을 끝없이 되풀이

하는. 뛸 때마다 괴로워 고개를 절레절레 젓고도 다 뛰고 나서 시간이 흐르면 또 어느새 다시 출발선으로 가게 되는. 발을 내디딜 때마다 반복적으로 찾아올 고통과 회의를 뻔히 상상하면서도 레이스 출발을 알리는 총소리를 들으면 설렘으로 가슴이 벅차오르는. 사랑은 정말 마라톤과 같은 것일 게다.

　간헐적으로 내리는 빗속을 지나 '존 레논 플레이스'로 갔다. 뉴욕에 와서 센트럴 파크에 올 때면 항상 그곳에 들렀으니까. 남편을 추모하기 위해서 아내 오노 요코가 마련한 그곳 바닥에는 존 레논의 가장 유명한 노래 제목 〈이매진$^{Imagine}$〉이 새겨져 있다. 추모객들의

모습을 언제나 볼 수 있는 곳이었지만, 내리는 비 때문인지 몇 명 없었다. 종교도, 전쟁도, 목숨을 걸 명분도 사라진 고요한 세상을 노래했던 몽상가 레논의 꿈은 그곳에서 비에 젖어 있었다.

  나무들 위에 비가 내리는 소리를 들으면서, 코스를 가로질러 최종 도착 지점을 찾아갔다. 전광판 시계가 출발 후 4시간 40분에서 계속 돌아가고 있는 중이었다. 레이스를 마치는 사람들이 하나씩 둘씩 결승선을 향해 최후의 질주를 하고 있었다. 장외에서 마이크를 든 진행자가 그들의 번호를 확인해 이름을 불러가며 하나씩 구경꾼들에게 소개할 때마다 주자들은 마지막 힘을 내어 손을 흔들고 미소를 머금었다.

  다섯 시간 가까이 힘겹고 고통스럽게 달렸을 터이지만, 종착점에선 내가 끊임없이 확인했던 것은 최후로 쥐어짜낸 위엄과 여유였다. 마라톤에 선입견을 갖고 있던 구경꾼에게, 그 모든 풍경은 저릿한 감동이었다. 폭발적인 스피드로 질주해 호쾌하게 테이프를 끊는 100미터 단거리 주자는 탄성의 대상이지만, 단 한 번도 건너뛰지 않고 그 모든 걸음을 하나씩 차곡차곡 쌓아올려 레이스의 장벽을 쌓는 마라토너는 찬사의 대상일 수밖에 없었다.

  끝없이 굴러 내리는 바윗돌을 무망하게 언덕 위로 밀어 올려야 하는, 사랑은 어쩌면 시시포스의 노동 같은 것인지도 모른다. 재회한 조엘과 클레멘타인은 서로가 상대에 대한 기억을 인위적으로 지워버린 사실을 확인하고도, 서로에 대해 그토록 넌더리를 낸 이유와

그들 사랑의 지겨운 종말을 알아채고도, 그 사랑을 다시금 처음부터 시작한다. 〈이터널 선샤인〉의 그런 결말은 단지 진정한 사랑이란 시간과 조건을 뛰어넘어 영겁회귀하는 것이라는 낭만적 애정관에 투항한 결과인 것일까. 그 모든 권태와 위험으로 이글거리는 불구덩이를 뻔히 보고도 재차 뛰어드는 이 바보짓을 사랑이라고 부를 수 있는 것은 무엇 때문일까.

자동차에 아무런 문제가 없다는 것쯤은 안다. 그러나 조종할 핸들이 없고 타고 갈 승객이 없으며 달릴 도로가 없다면, 설사 문제가 없다 한들 그 자동차가 무슨 소용이 있을까. 부조리로 가득한 세계에서 결함투성이인 삶이 누릴 수 있는 게 실수투성이 사랑이라면, 그 보잘 것없는 사랑을 다시 시작하는 것도 충분히 가치 있는 일이 아닐까.

출발 후 다섯 시간을 넘겼을 때 서로 팔짱을 낀 세 중년 여인이 결승선을 향해 천천히 달려왔다. 진행사가 세 사람의 이름을 차례로 외치자 그들은 자랑스러움과 흥겨움을 가득 담은 눈웃음으로 구경꾼들에게 인사했다. 실수투성이 사랑에 그저 하나를 더 바란다면, 길고 긴 그 사랑의 종착점이 어디든, 마지막 순간에 손을 흔들어 답례할 수 있기를. 기쁨이었든 고통이었든, 함께 뛸 수 있었던 것만으로도 너무나 고마웠음을 미소로 확인해 줄 수 있기를. 시간을 견뎌 낸 모든 것은 갈채 받을 만한 자격이 있으니까.

## :: 이터널 선샤인 Eternal Sunshine of the Spotless Mind, 2004
감독 : 미셸 공드리   배우 : 짐 캐리, 케이트 윈슬렛, 커스틴 던스트

〈이터널 선샤인〉은 잊고 싶은 기억을 선택적으로 지워주는 첨단기술을 모티브로 삼았지만, 철두철미하게 사랑에 대해서만 이야기하는 100퍼센트 사랑 영화다. 평소의 코믹한 이미지와 달리, 우울하면서 사려 깊은 조엘 역을 뛰어난 연기로 소화해 낸 짐 캐리가 놀랍다. 상대역 케이트 윈슬렛도 톡톡 튀는 개성으로 멋지게 연기했다. 〈존 말코비치 되기〉[1999], 〈어댑테이션〉[2002]에 이어 또 하나의 걸작 시나리오를 써낸 찰리 카우프먼이 2005년 아카데미에서 각본상을 따냈다. 오래된 연인들이 갈등 끝에 서로에 대한 기억을 모두 삭제하지만, 또다시 서로에게 끌리면서 재차 사랑에 빠지게 되는 역설적인 사랑 이야기.

## 사랑을 말하면 사랑을 하게 된다
### 〈러브 액츄얼리〉, 런던

부다페스트에서 런던으로 가는 비행기는 텅 비어 있었다. 간단한 샌드위치를 승객들에게 나눠주다가 뭔가 중요한 것을 떨어뜨렸던 걸까. 식사시간이 끝나자마자 붉은 머리의 스튜어디스가 계속 좁은 통로를 반복해 오가며 살폈다. 나중에는 아예 바닥에 엎드린 채 좌석 밑을 샅샅이 훑기까지 했지만 끝내 찾지 못한 것 같다. 세 시간이 채 안 되는 짧은 비행을 마치고 내릴 때 다시 그녀를 쳐다보았다. 걱정이 가시지 않는 듯 여전히 가라앉은 표정이었다. 안쓰러운 마음에 인사말을 던졌더니 그녀가 근심을 잊고 환하게 미소 지으며 같은 말을 되돌려줬다. 메리 크리스마스!

**크리스마스 이브**

런던 히스로 공항에 도착한 것은 12월 24일 저녁 무렵이었다. 크리스마스를 배경으로 여러 커플들의 사랑 이야기를 펼쳐내는 〈러브 액츄얼리〉는, "살아가는 일이 우울해질 때 난 히스로 공항으로 간다. 아무리 사소해 보여도 사랑은 어디에나 있다"는 내레이션과 함께 사랑하는 사람들끼리 반갑게 포옹하는 풍경들을 넘치도록 쓸어 담으며 시작한다. 하지만 크리스마스 이브의 히스로 공항은 한산하기만 했다. 꽤 오래 서 있었지만 연인들의 로맨틱한 상봉 장면은 거의 눈에 띄지 않았다.

도심으로 가는 피카딜리 라인 지하철에서도 승객들은 대부분 혼자였다. 모두 세 개의 큰 가방을 들고 탄 앞좌석의 일본 여자는 내내 불안하게 눈동자를 굴렸다. 가방 하나는 품에 안고 하나는 다리 사이에 둔 채, 역에 설 때마다 관성을 이겨내지 못해 쓰러지는 또 하나의 가방을 무망하게 끌어당겼다.

피자 한 판을 들고 가던 인도계 청년은 중간중간 하나씩 꺼내가며 서서 세 쪽을 먹는 것으로 홀로 저녁을 때웠다. 건너편에 앉은 깡마른 여학생은 뚫어져라 휴대전화 액정 화면만 노려보았다. 큰 소리로 친구와 통화하며 다른 친구를 흉보는 여자가 있는가 하면, 헤드폰을 낀 채 세상과 분리되어 음악에만 몰두하는 남자도 있었다. 내릴 때 내가 앉았던 좌석 뒤 공간에 누군가 까먹고 남긴 땅콩 껍질이 떨어져 있는 것을 발견했다. 잠시, 혼자, 스치듯 머물렀다 떠나도, 흔적

은 남았다.

  호텔에 짐을 부리자마자 〈러브 액츄얼리〉에서 여러 차례 화려하게 등장했던 트라팔가 광장으로 갔다. 어둠이 내린 광장 한복판에는 영화에서 보았던 그대로 수십 미터에 달하는 크리스마스 트리가 서 있었다. 제2차 세계대전 당시의 런던 시민들의 도움에 감사해 1947년부터 노르웨이의 오슬로 시민들이 매년 보내온다는 거대한 크리스마스 장식용 전나무였다. 어린이 성가대가 캐럴을 들려준 뒤 흑인 싱어가 가설 무대에 올라 랩으로 찬송가를 불렀다. 트리의 색등과

아이들이 쓴 산타클로스 모자에서 공중전화 부스와 2층 버스의 색깔까지, 런던의 크리스마스는 온통 빨간색이었다. 가족 단위로 나온 사람들이 자주 눈에 띄었지만 생각만큼 많지는 않았다.

거대한 시계탑 빅벤이 있는 국회의사당 건물 앞뜰에도 예수의 사랑을 불빛으로 장식한 예쁜 트리가 반짝거렸다. 그런데 바로 길 건너편의 팔리어먼트 스퀘어에는 영국과 미국의 이라크 개입을 비난하는 현수막 수십 개가 어둠 속에서 펄럭이고 있었다. 이라크에서 아이들을 죽이는 행위를 당장 멈추라고, 영국은 미국의 뒤만 따라

다니고 있는 것을 부끄러워해야 한다고 격렬하게 비난하는 정치 구호들 사이의 가장 큰 현수막에는 "오직 사랑만이 해결책입니다"라고 적혀 있었다. 〈러브 액츄얼리〉가 낭만적이기 이를 데 없는 방식으로 그려냈던 이 사랑의 도시 한복판에서 두 가지 사랑이 서로 마주 보며 으르렁대고 있었다.

고요한 밤. 거룩한 밤. 어둠에 묻힌 밤. 멀리서 합창 소리가 울려 퍼질 때 앰뷸런스가 요란한 사이렌 소리를 내며 앞을 지나갔다. 빅 벤 옆에는 고장 난 버스 한 대가 후드를 연 채 멈춰서 있었다. 크리스마스 이브에도 무언가는 망가져 거리에 방치되고 누군가는 쓰러져 병원에 실려 갔다. 호텔에서 나올 무렵에는 〈화이트 크리스마스〉를 연주했던 거리의 흑인 악사는 내가 다시 호텔로 돌아갈 때는 고난에 가득 찬 삶에서 눈을 들어 천국을 갈망하는 내용의 구슬픈 찬송가를 들려주고 있었다. 대체 그 많은 연인들은 다 어디로 갔을까.

**크리스마스**

런던은 텅 비어 있었다. 일하는 사람은 백인 경찰과 흑인 버스 운전사, 그리고 파키스탄계 편의점 점원뿐이었다. 차도 사람도 거의 없는 성탄절 오전 10시. 호텔 앞 옷가게의 굳게 닫힌 유리문 앞에서 하룻밤을 보낸 노숙자가 막 잠에서 깨어 슬리핑백 바깥으로 얼굴을 내놓고 두리번거렸다. 사랑은 어디에나 있지만 아직 충분히 있지는 않았다.

늦은 아침 겸 점심을 해결하기 위해 피카딜리 서커스 주변을 돌아다녔지만 문을 연 곳은 버거킹밖에 없었다. 가장 간단한 햄버거 세트 메뉴를 시킨 뒤 유난히 싹싹하던 점원 아가씨에게 농담처럼 말을 건넸다. "어떻게 오늘 같은 날 일을 해요?" 그랬더니 그녀가 따스한 웃음으로 답했다. "모두 문을 닫으니 우리라도 열어야죠. 크리스마스에 당신처럼 배고픈 사람들은 어떻게 하라고요."

런던의 정치 중심지인 화이트 홀 근처에서 혼자 근무중인 근위대 병사 앞을 조심스레 지나칠 때, 그가 아주 작은 목소리로 "메리 크리

스마스"라고 내게 말하는 것을 들었다. 의외의 인사에 놀라 돌아선 채 똑같이 성탄 인사를 외쳤지만 부동자세로 서 있던 그 병사는 내게 눈도 돌리지 않고서 계속 앞만 바라봤다. 떠들썩한 축일을 홀로 버텨내야 하는 사람들끼리만 통하는 은밀한 동료애 같은 것이 우리 사이에 잠시 흘렀다. 외투 깃을 세우고 적막에 싸인 거리에서 걸음을 재촉하던 이방인의 가슴에 온기가 피어올랐다.

크리스마스라고 버스도 지하철도 다니지 않았기에, 걸어서 메이페어에 있는 그로스베너 교회로 갔다. 런던의 성탄절 분위기를 온전히 느끼기에 교회만 한 곳이 있을까. 더구나 그 교회는 〈러브 액츄얼리〉에서 줄리엣이 피터와 결혼식을 올리는 장소였다. 11시 예배 시각에 맞춰 들어가니 신도들이 성탄 찬송 〈참 반가운 신도여〉를 부르고 있었다. 긴 나무의자가 네 줄로 놓인 작은 교회에는 채 50명도 되지 않는 인원이 예배를 드리고 있었다. 목사는 전날 어머니에게서 받았다는 분홍색 넥타이를 들어 보이며 편안하고 친근한 어조로 친구에게 이야기하듯 설교했다.

창으로 쏟아져 들어오다 대리석 기둥을 만나 부서지는 눈부신 햇살 속에서, 2층으로부터 성가대의 코러스가 멋지게 울려 퍼졌다. 영화 속 결혼식에서 친구들이 비틀스의 노래 〈당신에게 필요한 것은 사랑뿐 All You Need Is Love〉을 축가로 불러준 곳도 거기였다. 오렌지에 초콜릿 장식과 함께 꽂아 만든 촛불이 신도들 손에서 기분 좋은 공명에 맞춰 부드럽게 흔들렸다. 크리스마스에 노래는 위에서 내려오

고 사랑은 아래로부터 타오른다.

 교회에서 나와 홀랜드 파크 북쪽에 있는 거리, 올 세인츠 로드로 갔다. "이제 나도 고백할래요. 내 희망사항을. 크리스마스잖아요. 내게 당신은 완벽해요. 가슴 아파도 당신을 사랑할 거예요. 메리 크리스마스." 그곳은 절친한 친구 피터의 아내가 된 줄리엣을 오래전부터 연모했던 마크가 둘이 사는 집 현관 앞에서 사랑의 말을 적은 페이퍼 보드를 넘겨가며 그렇게 애절하게 속마음을 토로했던 곳이었다. 20~30미터 정도나 될까. 찾고 보니 그 집은 올 세인츠 로드에

면해 있는 작은 골목길 세인트 루크스 뮤즈에 있었다.

저마다 다른 색으로 칠해진 집들 사이에서 27번지 그 집의 핑크빛이 가장 고왔다. 아무도 지나다니는 사람 없는 크리스마스의 그 조용한 골목길의 줄리엣 집 2층은 낮인데도 밝혀놓은 장식용 꼬마전구들이 사랑스럽게 빛났다. 그 집이 있는 곳은 줄리아 로버츠와 휴 그랜트가 주연한 영화 〈노팅힐〉[1999]의 배경이 되었던 노팅힐 근처였다. 〈러브 액츄얼리〉의 감독인 리처드 커티스는 〈노팅힐〉의 시나리오 작가이기도 했다. 커티스는 자신이 직접 살아온 장소들을 〈노팅힐〉이나 〈러브 액츄얼리〉 같은 영화 속에 심어놓고 있는 셈이었다. 사랑의 추억이란 것도 결국은 파편 같은 시간이 유구한 공간을 스쳐가며 새겨놓은 흔적 같은 것일 게다.

저녁 무렵, 수많은 레스토랑과 카페, 극장과 나이트클럽이 밀집해 있는 소호 지역에서 마주쳤던 연인들은 대부분 영국인이 아니었다. 원주민들이 밀실을 찾아 숨어든 런던의 밤거리, 크리스마스는 관광객들의 것이었다. 그 거리의 모든 횡단보도 바닥에는 행인들에게 자동차의 운행 방향을 상기시키기 위해서 "왼쪽을 보세요[LOOK LEFT]" 또는 "오른쪽을 보세요[LOOK RIGHT]"라는 글귀가 흰 페인트로 쓰여 있었다. 사랑도 삶도, 그럴 수만 있다면 얼마나 좋을까. 왼쪽이 아니랍니다. 오른쪽을 보세요. 지금 당신의 운명이 다가오고 있어요. 놓치지 마세요.

**라스트 크리스마스**

12월 27일 아침, 저녁 비행기를 타기 위해 호텔을 나설 때 로비에서 웸$^{Wham}$의 노래 〈라스트 크리스마스$^{Last\ Christmas}$〉가 흘러나왔다. 아무리 아름답고 애틋해도 결국 모든 크리스마스는 '지난 크리스마스'가 되어버리고, 추억은 사랑의 과거 시제로 화석화된다.

런던을 관통하는 템스 강의 남쪽 산책로를 따라 걸었다. 템스 강에서 가장 예쁜 다리로 정평이 나 있는 앨버트 다리 근처에 이르렀을 무렵, 때마침 비가 그치고 선명히 무지개가 펼쳐졌다. 급하게 무지개 사진을 찍고 나서 다시 강 건너편을 향해 카메라 셔터를 누르고 있을 때 지나가던 남녀가 내게 소리쳤다. "이봐요. 다리를 찍지 말고 반대쪽에 떠 있는 무지개를 찍어요."

연인들은 강에 놓인 다리보다는 하늘에 걸쳐진 다리를 바라보는 사람들이었다. 비록 그것이 잠시 후 해가 나면 금세 사라져버릴 신기루 같은 것이라 할지라도. 〈러브 액츄얼리〉에서 휴 그랜트가 연기한 영국 수상 데이비츠가 평범한 여비서 나탈리의 집으로 크리스마스에 사랑을 고백하기 위해 차를 타고 건너가는 앨버트 다리는 아름다웠다. 엄청난 신분 격차쯤은 사랑으로 가뿐히 뛰어넘을 수 있다고 말하는 이 낭만적인 러브 스토리를 그대로 믿어버리고 싶을 만큼.

줄리엣은 마크의 집을 방문했다가 우연히 그가 찍은 결혼식 비디오에 자신의 모습만 잔뜩 담겨 있는 것을 발견하게 된다. 줄리엣에게 속마음을 들켜버린 마크가 번민하며 거닐었던 워털루 다리 인근

산책로인 퀸스 워크에는 '지난 크리스마스'를 가슴에 품은 연인들이 종종 눈에 띄었다. 비비안 리와 로버트 테일러가 공연한 할리우드 고전 〈애수Waterloo Bridge〉1940의 무대이기도 했던 이 다리 근처의 어느 벤치에는 전쟁터로 떠났던 병사들을 염두에 둔 듯한 글귀가 새겨져 있었다. "이따금 떠올랐고 자주 그리웠지만 끝내 돌아오지 못했던 누군가의 남편을 추억하며……." 공존했던 몇 차례의 크리스마스 대가로 혼자만의 숱한 크리스마스들을 지내야 했던 누군가의 외로운 세월의 무게가 그곳에 고스란히 내려앉아 있었다.

그러나 정말로 연인들이 많았던 곳은 고급 백화점과 상점이 가득한 옥스퍼드 거리였다. 크리스마스를 막 지나 일제히 세일에 들어간 그곳에서 사람들은 서로에게 밀려 둥둥 떠다녔다. 크리스마스에는 그토록 한산했던 거리에서 여자들은 눈에 불을 켜고 매장을 누볐고 남자들은 아무 데나 쭈그리고 앉아 비닐 쇼핑백을 지켰다. 북새통을 이룬 매장 바닥은 옷걸이에서 떨어져 바닥에 뒹구는 옷들로 어지러웠다. 〈러브 액츄얼리〉에서 해리가 애인에게 줄 목걸이를 사려 했던 백화점 셀프리지스의 귀금속 코너 주변에는 "나는 쇼핑한다. 고로 나는 존재한다" "나를 사라. 그러면 당신의 삶을 바꿔주겠다" 같은 구절들이 전시에 학도 지원병을 독려하듯 위압적이고 오만하게 구매를 부추겼다.

옷을 사는 대신 음반 매장에 들어가 영화 속에서 캐런이 듣는 조니 미첼의 시디 〈보스 사이즈 나우 Both Sides Now〉를 샀다. 담배를 수십 년간 피운 것 같은 목소리라고 남편 해리가 말하자, 캐런은 "조니 미첼을 사랑해요. 진실한 사랑은 평생 가죠. 무미건조한 내게 감성을 불어넣은 스승이에요"라고 대꾸했다.

공항으로 가기 전, '슈웝스 인물 사진 공모전'이 열리고 있는 트라팔가 광장 인근의 내셔널 포트리트 갤러리에 들렀다. 각국 사진작가들이 출품한 인물 사진들 속에는 제복을 입은 채 잠깐 웃을 듯 그대로 표정이 굳어진 북한 여자 안내원의 모습이 있었다. 에이즈에 걸린 케냐의 모녀, 인공 젖꼭지를 입에 물린 아기를 안고 서 있는 폴란드 소녀, 대기실에서 엄마와 어깨동무한 채 웃음을 터뜨리는 인도의 신부 사진, 털 코트를 입은 아르메니아의 간호사들 사진도 보였다.

그중 특히 인상적이었던 것은 너절하게 빨래를 널어놓은 영국의 빈민가에서 어느 십대 부부가 무려 네 명의 자녀와 함께 앉아 있는 풍경이었다. 펠 한센이라는 노르웨이 작가의 그 사진 속에서는 피어싱을 한 채 웃통을 벗은 남자와 두 손으로 불룩 나온 배를 가린 여자가 아이들에 둘러싸여 한껏 웃고 있었다. 어디에나 있다는 사랑이란 대체 뭘까. 갤러리를 나서자 사람들로 넘쳐나는 거리의 어느 벤치에

올라서서 버스를 기다리던 남녀가 열정적으로 입맞춤하는 장면이 눈에 들어왔다.

〈러브 액츄얼리〉에서 영국 남자 제이미와 포르투갈 여자 오렐리아는 서로 상대의 언어를 모르는데도 불구하고 표정과 마음만으로 부족함 없이 사랑의 대화를 나눈다. 같은 직장에서 함께 일하는 칼을 마음에 두고 있던 사라는 언제부터 사랑하게 됐냐는 물음에 "2년 7개월 3일하고 1시간"이라고 정확히 대답한다. 왜 슬퍼하냐는 아버지의 질문을 받은 초등학생 샘조차 "난 사랑에 빠졌어요. 내 사랑은 평생 단 하나뿐이에요. 사랑보다 더한 고통이 어디 있어요?"라고 확언한다.

사랑을 이야기하면 사랑을 하게 된다. 사랑이 모든 곳에 존재하는 이유는 어디에서든 사랑을 애타게 원하는 사람들이 있기 때문이다. 사랑 또한 종종 수요가 공급을 만든다. 〈러브 액츄얼리〉의 크리스마스에 어떤 연인들은 마침내 확인한 사랑에 환호하고, 어떤 연인들은 어긋난 인연에 안타까워하며, 또 어떤 연인들은 그들 앞에 사랑보다 훨씬 더 길게 놓인 인생의 여정 속으로 걸어 들어간다.

히스로 공항에서 탑승 시간을 기다릴 때, 문득 런던행 비행기 안에서 애타게 잃어버린 물건을 찾던 스튜어디스가 떠올랐다. 사랑과 삶의 행로에서 어차피 누군가는 무언가를 잃어버릴 수밖에 없다. 크리스마스를 지나 새해를 향해 달려갈 때 1년 중 가장 빠르기 마련인 시간은 아쉽게 흘러가버린 한 해의 세월 속에 늘 마음의 분실물들을 묻어버린다.

  그래도 지난 한 해 당신이 잃어버린 것이 결국 잊어버릴 수 있는 것이길. 크리스마스 직후에 새해 첫날이 이어진다는 사실에서 희망을 찾을 수 있길. 잃어버린 것들로 속상해하다가도 누군가 건넨 인사에 미소로 답하면서 새로 시작할 수 있길. 그렇게 저 멀리서 천천히 다가오는 또 하나의 크리스마스를 조금은 들뜬 마음으로 다시 또 한 번 기다릴 수 있기를.

## :: 러브 액츄얼리 Love Actually, 2003
감독 : 리처드 커티스    배우 : 휴 그랜트, 에마 톰슨, 리암 니슨

〈네 번의 결혼식과 한 번의 장례식〉[1994], 〈노팅힐〉[1999], 〈브리짓 존스의 일기〉[2001]에서 중요한 것은 감독이 아니라 작가의 이름이다. 시나리오 작가 리처드 커티스가 연출까지 맡은 첫 작품 〈러브 액츄얼리〉는 아마도 크리스마스에 가장 잘 어울리는 사랑 영화일 것이다. 여비서와 사랑에 빠지는 영국 수상, 이제 곧 미국으로 떠날 같은 반 여학생을 좋아하게 된 초등학생 소년, 친구의 연인을 오래 짝사랑해 온 남자, 아내의 배신에 낙심하다가 새로운 사랑을 발견하는 소설가 등의 갖가지 연애담이 크리스마스를 배경으로 펼쳐진다. 영국 영화 특유의 유머와 흥겨운 삽입곡들로 시종 유쾌한 '로맨틱 코미디의 모든 것' 같은 작품.

# 02
리얼리티를 찾다

## 입에서 터지는 탄산의 죄책감
### 〈화양연화〉, 캄보디아

정말이지, 사랑은 홍역 같은 것일 게다. 늦게 찾아올수록 더 치명적이니까. 적어도 〈화양연화〉의 사랑은 그랬다. 각자의 배우자가 서로 연인 사이임을 알게 된 차우와 리첸. 이웃에 사는 두 남녀는 함께 이 문제를 논의하다가 사랑에 빠진다. 다가서지도 물러나지도 못한 채 주변을 맴돌며 안타깝게 미끄러지거나 스쳐가기만 하는 둘의 사랑. 사랑이란 참 기이한 감정이어서 상처와 함께 깊어간다.

〈화양연화〉는 스쳐 지나가는 삶의 섬광 같은 찰나를 가장 아프고 아름답게 잡아낸 영화였다. 사랑의 밀어를 직접적으로 드러내는 대신 두 사람이 좁은 실내에서, 골목길 계단에서 닿을 듯 말 듯 스쳐 지나가는 장면들을 되풀이해 스케치하는 영화. 스쳐감의 반복으로 사랑의 시간들을 인수분해하는 〈화양연화〉의 스타일은 곧 그 스쳐가는 찰나의 경험이 바로 사랑의 전부나 마찬가지라고 말하는 듯했다.

아찔할 정도로 아름다운 멜로 〈화양연화〉의 자취를 찾아 홍콩과 캄보디아로 떠나는 이의 가슴은 사랑의 달콤한 패배감에 대한 감상적 기대로 가득 차 있었다. 적어도 처음에는 그랬다.

### 사랑하고 싶은

홍콩 감독 왕가위가 연출한 〈화양연화〉의 영어 제목은 'In The Mood For Love<sup>사랑하고 싶은</sup>'였다. 차우와 리첸은 사랑하고 싶었다. 그러나 모두가 모두를 알고 있는 1960년대 홍콩의 좁아터진 아파트에서 이웃으로 사는 둘에게 그 사랑은 버거웠다. 세상의 흘겨 뜬 눈으로부터 피해 두 사람이 종종 밀회를 가졌던 홍콩 타임스 스퀘어 인근의 골드핀치 레스토랑으로 갔다. 요란한 꽃무늬 벽지에 색색 꼬마전구 불빛으로 장식되어 있는 그 음식점은 1980년대 서울 대학가의 경양식집 같은 느낌이었다. 오래된 홍콩 식당에 대한 향수를 그대로 간직한 듯한 내부 구조 때문인지, 이곳은 〈화양연화〉에 이어 왕가위의 또다른 영화 〈2046〉[2004]에도 등장했다.

〈화양연화〉의 두 연인이 늘 앉았던 곳은 출입구에서는 보이지 않게 꺾인 구석 끝에서 두 번째 자리였다. 세상으로부터 몸을 숨길 수밖에 없었던 그들이 선택했음직한 위치였다. 실내는 어두웠고 길쭉한 의자는 붉은색이었다. 벽에는 영화 속 둘의 식사 장면이 액자에 담겨

걸려 있었다. 그 자리에 앉아 메뉴를 살펴보니 연인들이 함께 주문할 수 있는 260홍콩달러짜리 우리 돈으로는 3만 원 정도 '화양연화 세트'가 있었다. '2046 세트'는 204.6홍콩달러. 재미있는 가격이었다.

그러나 웨이터에게 확인해 보니 정작 극중 두 사람이 먹은 음식은 달랐다. 리첸은 포크찹을, 차우는 송아지 스테이크를 주문했다고 한다. 차우가 먹었다는 송아지 스테이크를 시켰다. 음식을 기다리는 동안 사진을 찍었더니 지나가던 종업원들이 왜 왔는지 알고 있다는 눈빛으로 정답게 씩 웃었다. 그들 사랑의 보잘것없는 피난처였던 어두운 구석자리에 앉아 스테이크를 썰었다. 소화하기 쉽지 않은 그 사랑을 증언하듯, 고기는 질겼다.

여행이 기대와 달라지기 시작한 것은 영화 속 치파오<sup>원피스 형태의 중국 전통의상</sup>의 산실을 찾아 나설 때부터였다. 〈화양연화〉는 홍콩 배우 장만옥이 가장 아름답게 나온 작품이었다. 영화를 본 사람들이라면 스물여섯 벌의 치파오를 갈아입어가며 연기한 장만옥의 고혹적인 매력을 잊지 못할 것이다. 그런데 장만옥의 극중 의상을 담당했다고 주장하는 치파오 가게는 하나가 아니었다. 전세계적으로 많은 팬을 가진 영화 〈화양연화〉의 상업적 위력 때문에 생긴 현상이었다. 코즈웨이 베이 지역의 낡은 건물 2층에 있는 '롱콩 레이디스 테일러'는 맞춤복만 만드는 곳이었다. 1층 계단 앞 철문이 굳게 잠겨 있었고 인터폰을 통하고 나서야 2층의 가게로 올라갈 수 있었다.

〈화양연화〉의 미술감독인 장숙평의 친구라는 인연으로 이 영화에 참여했다는 이 치파오점의 주인 양랑광 씨는 고령이라 의사소통이 제대로 되지 않았다. 영화와의 인연에 대해 계속 질문했더니, 대답 대신 장만옥, 유가령, 장쯔이 등 홍콩의 스타들이 자신의 옷을 입고 찍은 사진들을 모아놓은 스크랩북을 보여줬다. 그러고 나서 〈화양연화〉를 위해 40여 벌의 옷을 직접 만들었다는 말을 반복했다. 예상보다 훨씬 더 좁고 허름한 실내에는 재단중인 옷들로 가득했다. 맞춤복만 만들어내는 그곳의 치파오 값은 한 벌에 대략 60만 원 안팎이었다.

란콰이퐁 지역에 있는 또다른 치파오점 '린바 테일러'는 매장을 제대로 갖추고서 기성복과 맞춤복을 함께 파는 곳이었다. 가게에 들어서자 제일 먼저 벽에 걸린 '화양연화 패션쇼' 사진들이 눈에 들어왔다. 손님인 듯 옷을 고를 때는 영화 〈화양연화〉와 관련된 의상 브로슈어를 보여주며 친절하게 응대하던 주인이 기자라는 신분을 밝히자 차갑게 변했다. "〈화양연화〉의 옷을 만든 곳이 맞냐"고 묻자 "〈화양연화〉에서의 옷과 같은 치파오를 만들어줄 수 있다"고 애매하게 답했다. 한자로 '年華'라고 쓴 가게 간판을 가리키며 "상호만으로도 영화와의 관련을 알 수 있지 않느냐"고 한 뒤 "옷에 대해서는 얼마든지 물어도 되지만 영화와 관련해서는 아무 말도 할 수 없다"며 입을 닫았다.

자료마다 〈화양연화〉의 옷을 만든 곳이 어디인지에 대해 엇갈렸다. 아름다운 멜로 한 편이 명성을 얻고 나면, 그 사랑의 달콤한 환상에는 늘 돈 냄새가 들러붙는다. 어쩌면 판타지란 구름처럼 성기고 몽글몽글한 유동체가 아니라 정교하게 가공된 갖가지 금속들로 연결된 직각의 날카로운 고체 같은 것인지도 모른다.

### 가장 아름다운 시절

'화양연화花樣年華'란 삶에서 가장 아름다웠던 시절을 뜻한다. 그런데 이 영화 속 차우와 리첸은 그 아픈 사랑을 절절히 앓고 있을 때, 정말 그 순간들이 인생에서 가장 아름다운 시절이라고 느꼈을까. 가

난했던 유년기부터 이뤄질 수 없었던 인연까지, 고통스러운 나날이 아름다운 시절로 부활하는 것은 언제나 '먼 훗날'이다. 현재 시제에서 무기력할 수밖에 없는 인간은 결국 과거 시제에서 추억을 발명함으로써 스스로에게도 아름다웠던 시절이 있었다고 자위한다. 삶에서 가장 아름다웠던 시절이 언제나 과거라는 사실 속에 인간의 근원적인 절망이 있다. 영화 〈화양연화〉는 캄보디아의 앙코르와트로 간 차우가 오래된 석조 건물의 구멍에 대고 뭔가 속삭인 뒤 진흙으로 메우는 상징적인 장면으로 끝난다. 그들의 사랑이 안타깝게 끝난 먼 훗날의 일이었다.

그 장면의 비밀을 엿볼 수 있을까 싶어 캄보디아의 시엠립으로 갔다. 작은 시골역 같은 비행장에 내려 입국 수속을 위해 줄을 섰다. 외국인들이 지켜보는데도 아랑곳하지 않고 관리들은 휴지를 말아 넣어 코를 후비거나 집요하게 이를 쑤셔댔다.

공항에서 시내까지 오토바이를 타고 가기로 했다. 요금은 불과 1달러였다. 스물두 살의 오토바이 기사 품라는 내 커다란 짐을 익숙하게 안더니 뒤에 타라고 했다. 조금 불안했지만 일단 오토바이가 시골길을 달리자 금세 기분이 좋아졌다. 하얀색 교복을 입은 소녀들이 하굣길에 오토바이를 향해 손을 흔들어줬다. 이후 앙코르 사원 곳곳을 누비는 3일 동안 품라는 성실한 안내자의 역할을 했다.

시엠립에서 차를 타고 10여 분 거리에 있는 거대한 고대 유적터는 전성기를 누리던 앙코르 왕조가 12세기 중반에 건립한 힌두교 사원이다. 일출을 보기 위해 방문한 앙코르와트는 매우 인상적이었다. 새벽 5시 20분에 도착해서 곧 떠오를 태양을 기다리며 칠흑 같은 어둠 속 앙코르와트의 차가운 돌벽을 더듬어 걸어갈 때, 수백년 묵은 시간이 허둥거리는 나의 손과 발을 타고 고스란히 옮아왔다.

 사원에서 나와 연못가에 자리 잡고 앉았다. 처음에는 불그스름한 기운이 사원 주위로 퍼지는 정도였다. 그러다 어느 순간이 되자 탑 위로 해가 갑자기 불쑥 솟아올라 눈부시게 빛났다. 연못은 탑과 태양이 빚어내는 풍경을 물 위로 거꾸로 비쳐내 거대한 환幻의 세계를 그렸다. 앙코르와트는 사원의 모든 구조에서 철저히 대칭적인 모습

으로 방문자를 감탄케 했다. 대칭은 인간이 발견해 낸 자연의 리듬이었다.

오후에 앙코르와트를 다시 방문했다. 맨발의 승려들 사이에 섞여 급경사의 계단을 올라 3층으로 갔다. 사원 곳곳을 둘러본 후 까마득히 아래가 내려다보이는 돌계단에 앉았다. 시간의 온도라고 해야 할까. 오후의 햇볕으로 내내 달구어진 돌이 따뜻했다. 해가 뜨면 돌은 천천히 달아올랐고 해가 짐에 따라 천천히 식었다. 그렇게 온기와 냉기는 돌을 놓고 매일 두 차례씩 1승 1패의 승부를 되풀이했다. 어쩌면 세상 모든 곳에서 기쁨과 슬픔은 낮의 온기와 밤의 냉기로 세를 겨뤄가면서 그 많은 싸움을 영겁으로 반복하고 있는지도 몰랐다.

앙코르 지역에서의 첫 일몰은 프놈 바켕에서 보았다. 프놈 바켕은 앙코르에서 해가 지는 모습이 가장 아름답다는 사원이었다. 산에 가까운 언덕을 올라 우뚝 솟은 사원의 돌계단 한쪽에 자리 잡고서 신발과 양말을 벗었다. 하루 종일 걷는 바람에 부어올랐던 발이 뜨거운 돌 위에서 기분 좋게 풀어졌다. 흡사 존재가 한없이 확장되는 느낌이었다. 바로 밑 계단에 앉은 일본 남자는 미동도 없이 서쪽 하늘을 바라보다가 아주 가끔씩 담배를 털었다. 그것은 담뱃재가 아니라 시간의 재였다. 돌 위에 돋아난 풀잎 사이로, 낙조는 아주 서서히 찾아왔다.

앙코르에서 가장 인상적인 것은 돌의 풍경이었다. 바욘에서 프레룹까지, 앙코르의 그 많은 유적지들은 돌의 미소와 돌의 침묵 그리

고 돌의 영혼을 보여줬다. 돌과 돌이 교합하고 돌과 돌이 갈등하며 돌 위에 돌이 자라고 돌 아래 돌이 썩어가는 광경은 세월을 아교 삼아 이뤄낸 대지의 호흡이나 다름없었다.

 허물어진 담장 위로 거대한 나무가 자라는 폐허의 사원 따프롬 같은 곳에서, 돌은 무너진 채 그 자체로 자연의 일부가 되기도 했다. 수백년 전 앙코르 곳곳에 거대한 건축물을 세워 올린 첨단 공학과 예술도 시간이 흐르면 자연이 되었다. 앙코르 유적에서 인간이 이뤄낸 것과 자연이 이뤄낸 것에는 아무런 차이가 없었다. 돌은 쌓여서 문명을 이루었고 흩어져 자연으로 돌아갔다. 바스러진 돌 위로 개미

들이 분주히 기어 다녔다.

　일몰 후 프놈 바켕에서 내려올 때 거리의 악사들이 풀피리를 불었다. 얕게 앵앵거리며 떨리는 그 멜로디가 기묘하게 마음을 적셨다.

　앙코르와트를 포함해 거대한 유적지 곳곳에 산재한 앙코르의 사원들은 매우 정교하고 아름다웠다. 뜨겁게 내려쬐는 태양은 유구했다. 세월을 품은 돌은 당당했다. 그러나 인간은 그럴 수 없었다. 공사중인 바푸온 사원 근처를 어슬렁거리자 팔찌 세 개를 1달러에 팔려는 다섯 살 남짓한 아이가 끝까지 따라왔다. 따프롬 사원의 미로 같은 내부에서 헤맬 때 길을 가르쳐준 청년은 "원 달러!"를 거듭 외쳤다. 동생을 뒷자리에 태운 채 자전거를 타고 가던 소녀에게 카메라를 들이대자, 포즈를 취해주던 소녀는 오른손으로 동그라미를 그려 돈을 암시한 뒤 왼손 검지를 들어올려 1달러의 사례를 요구했다. 신상神像들의 얼굴에 넉넉히 머물렀던 '크메르의 미소'는 현실에서는 늘 1달러짜리 그림자를 달고 다녔다.

　시간이 흐를수록 〈화양연화〉가 보여준 사랑은 점차 뇌리에서 사라졌다. 그 대신 1인당 국민소득 350달러의 빈국貧國 캄보디아의 거리 풍경이 여행자를 압도해 오기 시작했다. 관광객이 지나다니는 곳이면 어디나 허리가 굽은 할머니들이 빈 페트병을 찾아 쓰레기통을 뒤졌다. 팔과 다리가 없는 7인조 악단은 한글로 '지뢰 피해 군인들'이란 팻말을 앞에 써놓은 채 한국 단체 관광객이 앙코르 톰에 들어설 때마다 아리랑을 연주했다.

　왓 트마이의 위령탑 안에는 킬링필드 학살 때 죽은 사람들의 해골이 그대로 쌓여 있었다. 허름한 농가를 개조한 아키라 지뢰 박물관에는 지뢰를 밟아 다리가 잘린 청년이 목발을 짚은 채 방문객을 따라다녔다. 박물관 천장에 매달린 선풍기가 제대로 바람도 일으키지 못한 채 요란한 소리만 내며 돌아갔다. 방명록에는 이곳을 방문한 한국 관광객들이 남긴 글귀도 있었다. "포항에서 12명이 다녀갑니다. 아픔을 같이하고 싶지만 우리의 힘이 너무나 작은 것 같아 가슴을 아리게 합니다." 그곳 캄보디아에서, 과거를 찾아 나섰다가 현재와 마주쳤고, 판타지를 좇다가 리얼리티에 부딪쳤다.

오토바이에 나를 태우고 다니며 3일간 안내해 준 청년 품라는 캄보디아인 치고도 유달리 피부가 검었다. "실내에서 일하기에 하얀 피부를 가질 수 있는 당신과 햇볕 내리 쬐는 야외에서 일해야 하는 나는 여건이 다르다"는 그에게 장래희망을 묻자 "검은 피부에 대한 차별이 없는(그는 그렇게 믿고 있었다) 미국에서 일하고 싶다"고 말했다. 그의 집 근처를 지날 때 잠시 들러 물 한잔 마시고 싶다고 했더니 그는 부끄러워하며 잠시 망설이다가 자신의 집으로 안내했다. 일곱 식구가 얼기설기 엮어 만든 좁은 방 두 개에서 기거하는 집에 들러 물을 마실 때, 품라는 "그래도 우리집은 중산층"이라고 굳이 설명했다.

식구가 많아서 품라는 집 앞에 놓인 평상에서 잠을 잔다고 했다. 문 없는 방의 입구에 늘어뜨려진 발을 들추고 안으로 들어가보니 대낮인데도 품라의 형 둘이 잠들어 있었다. 우물가에서는 여동생이 쭈그리고 앉아 쌀을 씻고 있었다. 작은 구멍가게를 운영하는 품라의 아버지는 방문한 이방인이 신기한 듯 한참을 쳐다보다가 수박 주스를 건넸다.

캄보디아를 떠나기 직전 몇 시간 동안 똔레삽을 '관광'한 것은 정말 실수였다. 수상水上 마을이라기에 이국적인 풍광을 기대하고 따라나섰는데, 보트를 타고 다니던 동안 점점 더 마음이 무거워졌다. 캄보디아에서도 최빈층이 모여 사는 그곳의 실상은 진정 참담했다. 호수라고 불리는 그 거대한 흙탕물 바다는 거주민들의 삶 자체였다.

피부에 튀기만 해도 이맛살이 찌푸려질 것 같은 그 물을 주민들은 그냥 마셨다. 아이들은 그 속으로 잠수해 물고기를 잡거나 대야를 배처럼 타고 다니며 관광객들에게 손을 벌렸다. 그 탁한 호수에서 살 수 있는 어종은 메기와 뱀장어밖에 없었다.

'똔레삽'이 '신선한 물'을 의미한다는 역설 속에 세계의 부조리가 고스란히 들어앉아 있었다. 나를 위해 보트를 몰아주던 운전사 코이에게 물이 이렇게 탁한데 어째서 '신선한 물'이란 이름이 붙었는지 물었다. "이 물을 먹어도 아무 탈이 없으니 그만하면 신선한 물 아니냐"는 게 그의 대답이었다. 명쾌하기 이를 데 없는 그의 답변은 스스로의 삶에 대한 자조自嘲처럼 들렸다.

카센터도 교회도 경찰서도, 모든 시설이 물 위에 떠 있는 마을. 똔레삽에서는 캄보디아인과 베트남인뿐만 아니라 이슬람 사람들까지 한데 모여 평화롭게 살아간다고 했다. 고개를 끄덕이자 코이가 불쑥 내뱉었다. "우린 서로 빼앗을 게 없으니까 평화로울 수밖에 없지요."

코이는 애인이 임신했지만 그녀의 아버지가 180만 원의 결혼 지참금을 요구해 결혼을 못하고 있다고 하소연했다. 통상 결혼 자금으로 80~90만 원 정도를 신부 측에서 요구하는데, 그가 가난하고 직업도 일정치 않다는 이유로 두 배를 내놓으라고 한다는 것이었다. 코이는 불과 스물한 살이었지만 마흔이 넘은 중년 사내로 보였다. "지금 캄보디아에서는 돈이면 청부살인도 쉽게 할 수 있다"던 코이는 불만을 늘어놓던 끝에 "나는 아무것도 아닌 놈이니까 오늘 죽어

도 상관없다"는 말을 마지막으로 입을 닫았다.

 호수 한가운데서 코이는 엔진을 껐다. 거대한 정적이 세상을 지배했다. '관광'의 마지막은 무거운 침묵이 지배했다. 흙탕물 속으로 그물을 던지던 아이들 쪽으로 애써 고개를 돌리다가 무의식적으로 손에 쥐고 있던 콜라 캔을 비웠다. 탄산이 입에서 톡 쏘며 가볍게 터지고 음료가 목구멍을 시원하게 넘어갈 때 견딜 수 없는 죄책감이 밀려왔다. 다 어쩔 수 없다고 변명해도, 비참한 생활의 현장을 구경거리로 소비하는 일만큼은 명백한 잘못이었다.

행복할 수 있는 조건을 덜 갖춘 것으로 보이는 사람들을 보면서, 스스로가 상대적으로 행복하다고 느끼는 것이 온당한 일일까. 나는 정말 이들보다 더 행복한가. 그러나 진정한 행복은 물질과 아무런 상관이 없다고 똔레삽에서 현자(賢者)처럼 말하는 것은 또 얼마나 큰 위선일까. 보트를 돌려 돌아오는 길에 해가 뉘엿뉘엿 졌다. 이 흙빛 삶의 터전에 비치는 태양도 다른 어느 곳의 태양만큼이나 아름답다는 사실 속에는 기묘한 슬픔이 배어 있었다. 이 여행은 이제 내게 어떻게 남을 것인가.

　수백 년 된 돌벽에 그들의 사랑을 봉인(封印)해 유한한 감정을 영원으로 가져가려 했던 차우는 다시 수십 년이 지난 지금도 여전히 그 사랑을 애틋하게 기억할까. 〈화양연화〉의 자취를 찾아 캄보디아를 찾았던 여행자가 그곳을 떠나며 그렇게 묻는다고 해서 부끄러워할 일은 아닐 것이다. 그러나 시엠립 공항에서 늦은 밤 한국행 비행기를 기다리는 동안, 애초 물을 것 같았던 그 질문과 전혀 다른 물음이 꼬리를 이었다. 코이는 지참금을 지불하고 신부를 데려올 수 있을까. 품라는 미국에 가서 일할 수 있을까. 설혹 그게 제대로 꾼 꿈이 아니라 해도. 그리고 당장이 아니라 먼 훗날이라도.

:: 화양연화 花樣年華, 2000

감독 : 왕가위   배우: 양조위, 장만옥

홍콩 감독 왕가위는 국내에도 많은 팬을 갖고 있는 인기 감독이지만, 〈화양연화〉는 그의 작품들 중에서도 특히 많은 사랑을 받아왔다. 1960년대 홍콩의 아파트를 배경으로 아프게 사랑을 나누는 남녀 이야기를 시적이고 음악적인 영상에 탁월하게 담아냈다. 홍콩 배우 장만옥과 양조위가 가장 멋지게 등장한 작품으로 기록되기도 하며 양조위는 이 영화로 칸 영화제 남우주연상을 받았다. 서로의 배우자끼리 연인 사이임을 알게 된 이웃의 두 남녀. 서로를 위로하는 과정에서 점차 사랑을 느끼게 된 둘은 고민에 빠진다.

## 무엇일까 어딜까 그저 또
〈행잉록의 소풍〉, 오스트레일리아

　소녀들이 사라졌다. 하늘과 땅 사이. 희박한 대기 속으로. 아무 흔적도 없이. 1900년 2월 14일 오후. 행잉록이란 산에 소풍 갔던 길이었다. 오스트레일리아의 아득한 산과 들판 그리고 고택古宅. 소녀들은 대체 어디로 간 걸까.

　〈행잉록의 소풍〉에는 마력 같은 게 있었다. 신비만 남겨두고 설명은 거세한 영화. 실종의 모티브가 그 영화의 전부였다. 처음 봤을 때부터 강력히 사로잡혔다. 다 보고 나니 꼭 촬영지에 가고 싶었다. 기회는 십 수년 만에 찾아왔다. 오스트레일리아를 생각하니 그 영화가 떠올랐다. 지도를 샅샅이 뒤졌다. 여러 차례 전화도 걸고 이메일도 썼다. 어서 신비의 공간에 발을 딛고 싶었다.

오스트레일리아 남쪽 해안 도시 애들레이드. 공항에 예약해 둔 차가 와 있었다. 첫 목적지는 마틴데일 홀. 애들레이드 북쪽 160킬로미터 지점에 있었다. 홀 관리인 트레이시가 차편을 주선해 주었다.

날이 잔뜩 흐렸다. 대낮인데도 어두컴컴했다. 도시를 벗어나자 폭우까지 쏟아졌다. 거센 바람이 비를 포말로 갈아 날렸다. 뿌연 세상 속 굽이굽이 끝없이 이어진 길. 현실감이 사라졌다. 달릴수록 오히려 멀어지는 것 같았다. 차를 몰던 토니가 씩 웃었다. 으스스하죠? 좀 그렇기는 했다. 하지만 그래서 더 좋았다. 이건 몽환적인 세계로 가는 여정이니까.

두 시간 내내 내가 본 것은 벌판뿐이었다. 아무것도 없는 듯 평원만 끝없이 펼쳐졌다. 창밖을 바라볼 때 토니가 말을 건넸다. 잘 왔어요. 이런 게 진짜 오스트레일리아입니다.

그는 트레이시 부탁으로 운전대를 잡았다. 둘은 학부모 모임에서 친해진 이웃이었다. 지루해진 토니는 내 직업을 물었다. 영화 비평을 한다니까 매우 신기해했다. 갑자기 말이 많아지기 시작했다. 그는 쿠엔틴 타란티노를 최고로 꼽았다. 〈저수지의 개들〉[1992]을 봤을 때의 충격을 전했다. 〈킬 빌〉[2003]은 넋을 놓고 보았다고 했다. 그는 자신의 영화 사랑을 증명하려 애썼다.

영화 이야기가 끊기자 아이들이 화제로 올랐다. 열일곱 살 첫째 아들 자랑이 대단했다. 엔지니어로 대성할 거라고 했다. 그러다 슬쩍 둘째 이야기를 덧붙였다. 파티만 즐기고 공부는 안 한다고 걱정했다. 부모는 어디나 다 똑같았다.

  토니가 운전 도중 트레이시 전화를 받았다. 그러더니 내게 양해를 구하고 차를 세웠다. 잠시 후 트레이시의 딸 보니가 탔다. 직전에 교통사고를 낸 보니는 침울했다. 고개를 숙이고 있다가 한참 후 입을 열었다. 내 잘못만은 아니었어요. 토니는 계속 보니를 위로했다. 시골 마을 동네 아저씨의 따스한 말투였다. 그러자 기운을 되찾은 보니가 웃었다. 토니가 보니에게 내 직업을 말했다. 보니의 눈이 휘둥그레졌다. 보니는 사랑 영화를 특히 즐긴다고 했다. 가장 좋아한다고 밝힌 작품은 〈노트북〉[2004]. 열일곱 소녀다웠다.

두 사람은 내게도 질문했다. 가장 사랑하는 단 한 편이 뭐냐고. 어디서든 누구나 평론가에게는 같은 질문을 했다. 글쎄. 하나만 고를 수는 없다는데도 계속 물었다. 기분을 맞춰주려고 〈행잉록의 소풍〉을 말했다. 토니가 잠시 운전대를 놓고 박수를 쳤다.

극중 학교로 나온 마틴데일 홀에 닿았다. 2층 석조 건물이 솟구치듯 나타났다. 반경 5킬로미터 안에 인가라고는 없었다. 돌풍이 불어 홀 앞 야자수가 거세게 날렸다. 휴대전화 통화도 되지 않는 오지였다. 여학생들이 유폐되듯 기숙했던 곳. 여기서 교육은 억압의 동의어였다.

현관에 매달린 종을 흔들었다. 트레이시가 웃으며 맞았다. 영국 귀부인 같은 온화한 미소였다. 그녀가 친절한 건 이미 잘 알고 있었다. 전화로 문의했을 때 적극적으로 도와주었고 외진 그곳으로 갈 차를 수소문해 주었다. 그러고는 세 번이나 차편을 바꿔 알려줬다. 그때마다 요금은 좀더 저렴해졌다. 저녁 메뉴 주문도 미리 상세히 받았다. 내 입맛에 최대한 맞추려는 노력이었다.

대저택은 우아했다. 하지만 왠지 스산했다. 홀을 가로질러 정면의 계단을 올랐다. 하필 모두 열세 개. 영화 속 모습 그대로 인상적이었다. 아래층에서 틀어놓은 재즈가 은은하게 들려왔다. 다시 갈라지는 계단에서 왼쪽으로 갔다. 2층에서 아래층이 훤히 내려다보였다. 낡은 복도가 걸을 때마다 소리를 냈다. 저택에 대한 안내 브로슈어를 집어 들었다. 유칼립투스 나무껍질로 만들어져 있었다.

마틴데일 홀은 1880년에 건립됐다. 호기롭게 지은 사람은 당시 스물한 살 청년. 부모로부터 유산을 상속받은 직후였다. 이민 온 부모는 양 목장으로 큰돈을 벌었다. 마틴데일은 부모의 영국 고향 이름이었다. 그러나 그의 왕자 같은 생활은 딱 10년이었다. 서른을 넘기자마자 사치로 파산했다. 양털 값 폭락도 결정적 영향을 미쳤다. 그는 헐값에 대저택을 팔아넘겨야 했다.

흔히 서구의 고택들은 관람객만 받는다. 그러나 이곳은 운영 방식이 독특했다. 옛 모습 그대로인 방에서 묵을 수 있었다. 문화재를 이렇게 사용해도 되나 의문이 들 정도로 특별한 체험이었다. 모두 열 개의 객실은 전부 2층에 있었다. 예약한 대로 '화이트룸'으로 갔다. 이 영화 첫 장면을 찍은 곳, 바로 주인공 미란다의 방이었다. 미란다가 빗질하던 화장대도 그대로였다. 높은 천장과 빛바랜 벽지. 라디에이터 외에는 모두 낡은 고가구였다. 세월을 느끼는 감각은 후각이었다.

1층에 틀어놓은 음악이 갑자기 멈췄다. 어느새 비도 그쳤다. 열린 창문으로 긴 그림자가 넘어왔다. 목매듯 달린 전등이 천천히 흔들렸다. 정적이 목을 타고 올라왔다. 고택의 침묵은 확실히 섬뜩한 면이 있었다. 늦은 오후였고 기이한 적막이었다.

저녁 7시. 아래에서 징이 울렸다. 적막 속 징 소리는 원을 그리며 퍼지다가 벽에 부딪쳐 허물어졌다. 저녁식사가 준비됐음을 알리는 신호였다. 트레이시가 준비한 저녁은 스테이크와 새우 요리, 레몬 푸

딩이었다. 트레이시는 일일이 시중을 들어줬다. 예전 귀족들은 이렇게 살았을 테지. 트레이시는 한국인을 처음 본다고 했다.

가장 가까운 마을인 민타로의 인구를 물었다. 트레이시가 정확히 대답했다. 지난달에 한 집이 이사 갔으니 86명이죠. 트레이시는 천연덕스레 농담까지 붙였다. 날씨가 나쁘면 몇 명 줄어들기도 해요. 아까 차를 타고 지날 때 토니도 농담했었다. 여기서는 눈을 잠시라도 깜빡이지 말아요. 그러면 민타로를 못 보고 지나칠 테니까.

수지와 스티븐 부부 그리고 나. 손님은 딱 셋이었다. 브리스번에 산다는 이 부부는 여행중이었다. 그들은 부드러운 얼굴로 말을 붙여왔다. 그러면서 자신들끼리는 종종 쏘아붙였다. 영락없이 오래 산 부부의 모습이었다.

식사는 훌륭했다. 와인도 깨끗했다. 직전에 뉴질랜드를 다녀온 이야기를 꺼냈다. 그들의 독특한 영어 발음에 대해 농담했더니 부부는 매우 즐거워했다. 스티븐은 한국의 분단에 대해 질문했다. 한국어의 특성에 대해서도 물었다. 대화는 충분히 즐거웠다. 하지만 말은 가끔씩 끊어졌다. 그러면 침묵이 곧바로 목덜미를 눌렀다.

일을 마친 트레이시는 바깥 별채로 갔다. 트레이시 가족은 별채에

서 살았다. 스티븐 부부가 피곤하다며 먼저 일어섰다. 혼자 남아 커피를 마셨다. 잔에 담긴 어둠이 목구멍으로 흘러갔다. 바람에 나무문이 천천히 삐걱거렸다. 소리를 내는 것은 문이 아니었다. 고택에 묵은 공기로 머무르던 시간이었다.

1층 서재에 들렀다. 방 한가운데 당구대가 있었다. 불을 켜니 조명이 당구대에만 쏟아졌다. 혼자 잠시 당구를 쳐보았다. 당구공 굴러가는 소리가 비현실적이었다. 공이 멈추면 시간도 멈출 것 같았다. 책장 가득 낡은 책이 냄새로 세월을 뿜었다.

메인 홀로 걸어 나왔다. 현관 옆에는 커다란 괘종시계가 있었다. 그런데 바늘이 3시 50분에서 멎어 있었다. 홀에서는 시계뿐 아니라 시간도 멎은 듯했다. 어떻게 움직여도 무중력 상태 같았다. 넓은 실내에는 조명이 거의 없었다. 계단 위 작은 전등 하나가 고작이었다. 가녀린 빛이 어둠에 압사될 것 같았다.

어둡지 않은 침묵은 감미롭다. 수다스러운 어둠은 즐겁다. 허나 침묵과 손잡은 어둠은 전혀 달랐다. 그림자처럼 몸에 붙어 떨어지지 않았다. 내 발소리가 허리를 휘감고 타올랐다. 복도에 걸린 초상화들이 눈을 굴렸다. 1920년대에는 여기서 살인사건도 일어났다지. 저택은 애거서 크리스티 소설의 무대 같았다.

옥상으로 향하는 좁은 계단을 올랐다. 미란다의 친구 사라가 최후를 맞은 곳. 칠흑 속 계단 끝을 손으로 더듬었다. 차가운 자물쇠가 만져졌다. 무섭기도 했지만 그보다는 우울해졌다. 사라는 함께 실종

되지 못해 절망했다. 증발하지 못한 그녀는 추락을 택했다. 닫힌 세계 저 너머에서.

침실로 돌아와 누웠다. 낡은 나무문은 닫히지 않았다. 그 대신 내내 삐걱대며 환상을 여닫았다. 과거와 현재가 수시로 갈마들었다. 서로 다른 시간대가 저택 안에서 교직됐다. 영화 〈디 아더스〉[2001]의 그레이스가 떠올랐다. 자신이 죽은 줄도 모른 채 머물렀던 그녀. 이글스의 노래 〈호텔 캘리포니아〉도 생각났다. 날이 밝으면 이곳을 떠날 수 있을까. 아침 해가 다시 떠오르기는 할까. 잠들지 않고도 수십 차례 꿈을 꿨다. 좁은 폐곡선 위에서 영원히 맴도는 느낌. 아래층 괘종시계가 무겁게 네 번 울렸다.


멜번을 벗어나 북쪽으로 달리기를 한 시간. 우드엔드 인근에 행잉록이 있었다. 입구의 바위에 새겨진 작은 글귀. 미스터리를 체험하세요. 오스트레일리아에서 〈행잉록의 소풍〉은 고전이었다. 이 영화가 개봉된 것은 30여 년 전. 하지만 사람들은 여전히 행잉록을 찾았다. 매점 주인은 말했다. 예전에는 지도에도 안 나왔던 곳이었어요. 영화 개봉 후 이제는 세계지도에도 나오죠. 스콘과 라임 주스를 샀다. 영화 사진을 곁들인 원작 소설도 구입했다. 그렇게 '소풍' 준비를 마쳤다.

먼저 디스커버리 센터에 들어갔다. 〈행잉록의 소풍〉 관련 전시물도 많았다. 가장 인상적이었던 것은 미란다 상[像]이었다. 꿈꾸는 듯

　홀린 듯 기묘한 표정. 암석 사이에 서 있는 미란다는 맨발이었다. 행잉록은 화산이었다. 6,500만 년 전 이곳에서 화산이 터졌다. 넘친 용암이 굳고 갈라져 현재 형상이 됐다. 수많은 바위들은 원래 단 하나의 바위였다.

　행잉록은 사실 그리 높지 않았다. 해발 711미터에 불과했으니까. 하지만 바위로만 이루어져 위압적이었다. 이름대로 바위가 곳곳에 매달려 있었다. 온통 세상으로 쏟아질 듯 주저하면서. 화산 활동으로 생긴 조면암이 산을 이뤘다. 앞서 가던 여학생 둘이 소리 죽여 속

삭였다. 바위가 꼭 거인의 얼굴 같아. 거인이라기보다는 악마 같지 않아? 아닌 게 아니라 붙여진 이름도 무시무시했다. 블러드 워터폴, 뱀파이어 클리프…….

 암석들은 엉겨 붙어 동굴과 길을 만들었다. 바위 사이를 누비다 보면 곧 길을 잃었다. 정상에 가까울수록 길을 찾기 힘들었다. 길과 길 아닌 것의 경계가 모호했다. 길은 가끔씩 끊어졌다. 길 아닌 것도 굳이 가면 또 길이 됐다. 날씨는 수시로 변했다. 주위가 금세 어두워졌다. 빛을 가리기에는 구름 한 점으로도 충분했다.

 정상에 우뚝 선 바위에 올랐다. 거센 바람에 아래로 떨어질 것만 같았다. 앨버트가 사라진 소녀 중 하나를 발견한 곳. 저 멀리 작은 마을이 한눈에 들어왔다. 마을들은 평원 위에 드문드문 펼쳐져 있었다. 하지만 적막은 비명까지 삼킬 것 같았다. 구조를 요청하는 앨버트의 외침을 삼켰듯. 그 모든 사건과 세상사의 비밀까지. 침묵은 거기서 가능한 단 하나의 일이었다.

 산 아래에서는 여러 사람들을 만났다. 그러나 정상에는 아무도 없었다. 날씨는 을씨년스러웠다. 바위는 차가웠다. 암석에 누우니 폐 대신 피부가 호흡했다. 산에서는 촉각이 시각을 지배했다. 그리고 청각이 예민해졌다. 가끔 새가 날았다. 바람이 불면 작은 숲이 거세게 흔들렸다. 그러나 돌은 내내 침묵했다. 돌은 무심했다.

 바위 사이 작은 구멍에서 가방을 풀었다. 스콘을 먹고 주스를 마셨다. 책도 꺼내서 이리저리 들췄다. 할 일은 금방 바닥났다. 소풍은

　끝났다. 그렇지만 내려갈 길은 보이지 않았다. 그런데 꼭 내려가야 하는 걸까. 시간이 흐를수록 그랬다. 흡사 내 자신이 자연의 일부처럼 여겨졌다.
　우리는 꿈꾸는 것이 아니라 꿈꾸어진다. 모든 출구는 다른 곳의 입구이다. 증발의 유혹은 질겼다. 나누고 또 나눈 삶을 대기에 흩뜨리고 싶은. 먼저 사라진 소녀들 생각은 더이상 없었다. 삶이라는 신비. 무無라는 신비. 무엇일까. 어딜까. 그저. 또.

:: 행잉록의 소풍 Picnic at Hanging Rock, 1975
  감독 : 피터 위어   배우 : 레이첼 로버츠, 도미닉 가드, 헬렌 모스

〈행잉록의 소풍〉은 국내에서 정식으로 개봉된 적이 없지만, 입소문을 통해 소수의 열혈 추종자들을 거느리게 된 걸작이다. 〈트루먼 쇼〉, 〈죽은 시인의 사회〉로 유명한 피터 위어 감독은 서른한 살 때 이 시대극을 신비롭고 우아하게 연출해 오스트레일리아 사람들이 자랑스러워하는 국민영화로 만들었다. 피 한 방울 나오지 않지만 내내 초현실적이고 몽환적인 분위기가 으스스한 긴장을 잃지 않는 개성 넘치는 스릴러. 빅토리아 시대의 억압적 환경 속에서 신부 수업을 받아오던 여학생들이 모처럼 행잉록이란 곳으로 소풍을 간다. 그런데 소풍지에서 세 소녀가 흔적도 없이 실종되고 그들을 찾아 나선 여교사까지 없어진다. 대체 어디로 사라진 것일까.

# 겨울 바다에 갔다
〈조제, 호랑이 그리고 물고기들〉, 치바

겨울 바다에 갔다. 겨울 새들은 날아오르지 않았다. 파도가 밀려오면 종종걸음으로 물러섰다가 포말이 잦아들면 다시 그만큼 바다로 다가섰다. 일본 치바현 규주쿠리 해변의 파도는 천천히 끝까지 밀려왔다. 잔잔한 파도가 밀려오는 힘을 얕보았다가 바지를 여러 차례 적셨다. 바다가 닿지 않는 모래밭에는 바람이 파도를 닮은 풍문風紋을 새겼다. '99리里'를 뜻하는 해변의 이름 그대로 길게 뻗은 해안선은 세상을 물의 영해와 흙의 영토로 나눴다. 그리고 바다는 소실점에서 파란 하늘과 몸을 섞었다.

〈조제, 호랑이 그리고 물고기들〉은 규주쿠리 해변의 파도 같은 영화였다. 기껏해야 태연함을 가장하며 사랑으로부터 필사적으로 도

망쳤던 남자의 부끄러움을 다룬 작품에 불과했지만, 어느새 가슴 끝까지 밀려와서 마음을 적셨다. 츠네오 부모님 댁에 인사드리러 가던 자동차 여행 도중 두 사람은 불현듯 이별을 예감한다. "목적지까지 140킬로미터 남았습니다"라고 말하는 내비게이션을 꺼버린 뒤, 조제는 충동적으로 츠네오에게 바다로 가자고 한다. 규주쿠리 해변은 다리가 불편한 조제를 업고서 츠네오가 찰랑찰랑 걸어 들어갔던 바다였다.

한적한 바닷가에서 사람들은 혼자, 혹은 둘이서 걷고 있었다. 겨울 바다는 여럿이 함께 찾을 수 있는 장소가 아니다. 사랑을 앓고 있거나 그 굴레에서 막 놓여난 연인들에게 겨울 바다는 비밀스러운 의식을 치르기 위한 제단 같은 곳이다. 어떤 사람들은 차가운 공기 속에 바다를 호흡하며 사랑의 극점을 만끽하고, 어떤 사람들은 벽에 부딪친 사랑에 아파하며 무작정 바다를 찾는다. 그 모든 사랑의 생로병사生老病死를 바다가 다 듣고 나면 파도가 부수고 바람이 흩뜨려 허공에 날린다. 그러면 그 사랑은 차가운 겨울 공기에 얼려져 그 바다에서 하나의 이야기를 미련 없이 마친다.

규주쿠리 해변에서 20분 정도 걸으면 '바다와 어린이의 나라'라는 수영장이 있다. 실제와 달리 영화 속에서 수족관으로 등장했던 이 수영장은 다른 시설로 탈바꿈하기 위해 대규모 공사를 벌이고 있었다. 둘러쳐진 철조망 너머로 곳곳이 파헤쳐진 공사장 앞 휑한 주차장에 그어진 흰색 주차선駐車線들이 하릴없이 쏟아지는 겨울 햇살을 되튕겨 빛을 냈다.

극중 두 사람이 수족관을 찾았을 때 하필 휴관으로 닫힌 정문 앞에서 조제는 짜증을 부렸고 츠네오는 그 순간 자신들의 사랑에 금이 가고 있음을 불현듯 느꼈다. 부모님께 그들 사이를 인정받으려 떠났던 여정은 이별 여행이 되어버렸다. 삶은 뒤를 향해야만 이해될 수 있다. 그러나 앞을 향해서 살아져야 한다. 그게 우리가 고개를 떨어뜨린 채 번번이 도망치는 이유다.

영화의 초반부에서 츠네오는 경기 중 입은 부상 때문에 좋아하던 럭비를 하지 못하게 된 게 아쉽지 않느냐는 질문에 이렇게 대답한다. "생각해도 소용없는 일은 그냥 생각하지 않기로 했어." 먼 훗날, 조제와의 지난 사랑에 대해 누군가 물을 때도 그는 그렇게 대답할 수 있을까.

영화 속 촬영지를 애써 방문하다 보면 건물 자체가 없어지거나 용도가 변경되어 허탈해지는 경우가 종종 있었다. 하지만 휴관중인 수족관이나 공사중인 수영장 사이에는 사실 아무런 차이가 없었다. 그러고 보니 나의 여행은 〈조제, 호랑이 그리고 물고기들〉의 사랑이 비상하는 경로가 아니라 서서히 해체되는 궤적을 밟고 있는 셈이었다. 달아오르는 발광체만 빛을 내는 것은 아니다. 구름 한 점 없는 맑은 날씨에 수영장 주변의 집들 지붕마다 무심히 널린 이불 빨래가 반짝였다.

이 영화 촬영지를 떠올릴 때 빼놓을 수 없는 곳이 극중에 등장했던 러브호텔이었다. 겨울 여행의 끝에서 조제와 츠네오가 마지막 밤을 보낸 그 방에는 정말 커다란 조개 모양의 둥근 침대가 놓여 있을까. 요코하마시 코우호쿠구의 러브호텔 밀집 지역 끝에 있는 '호텔 뉴잉'으로 갔다. 생각보다 작은 호텔 입구에는 각양각색으로 꾸며놓은 방들의 사진이 붙어 있었다. 705호실 방 사진 위에는 '〈조제, 호랑이 그리고 물고기들〉의 촬영 장소'라고 적혀 있었다.

'2시간 대실료'로 3만 원가량을 치르고 방문을 여니, 객실의 절반을 차지할 만큼 큰 조개 침대가 정면에 놓여 있었다. 욕조마저 조개

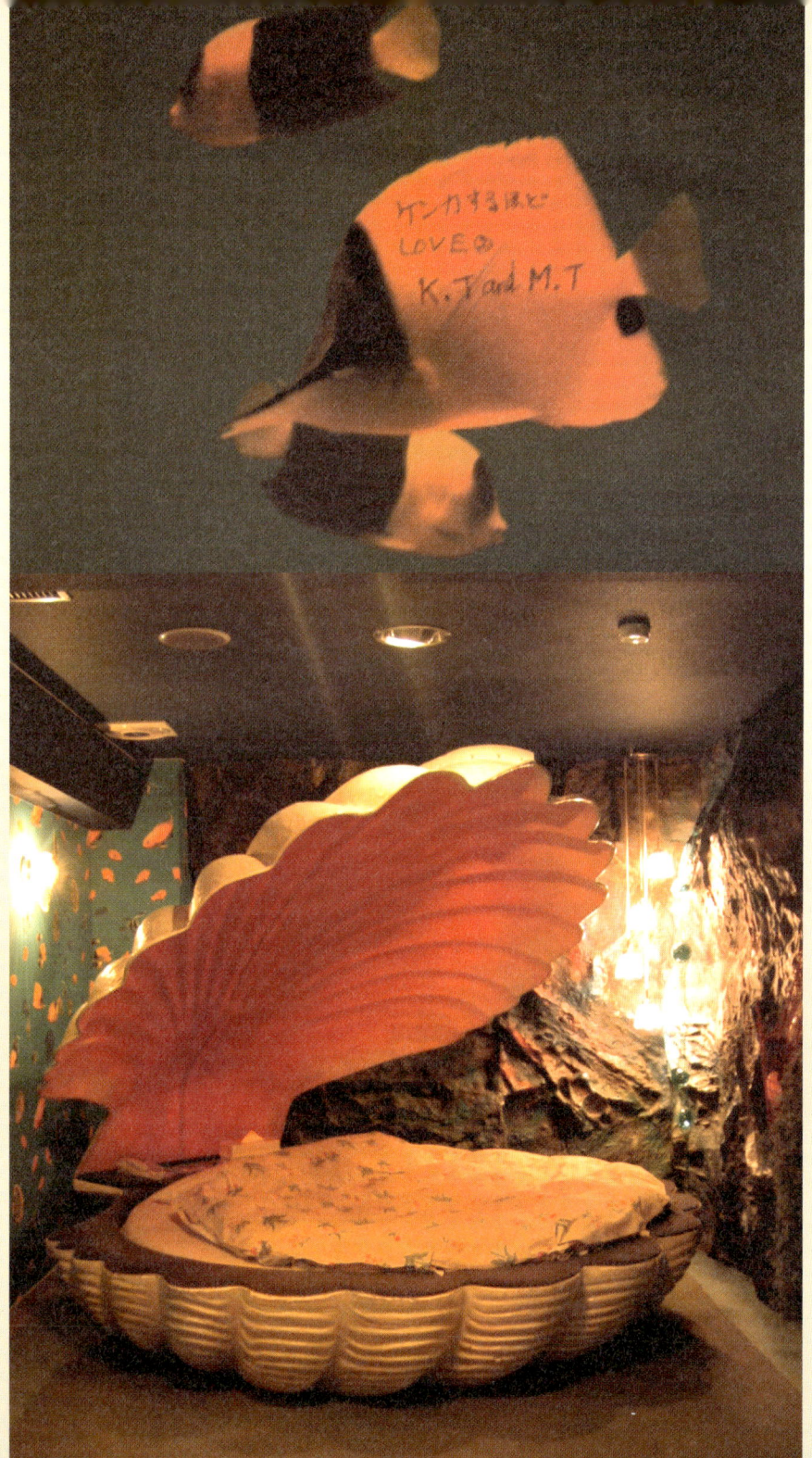

모양인 그 방은 벽도 해저 동굴처럼 만들어놓았다. 마지막을 예감하며 '세상에서 가장 야한 섹스'를 슬프게 나눈 후 조제는 "언젠가 네가 사라지면 나는 길 잃은 조개껍질처럼 혼자 깊은 해저에서 굴러다니겠지"라고 한다. 어느새 잠든 츠네오 옆에서 그 말을 한 뒤, 조제는 뒤늦게 생각난 듯 혼자 나지막이 덧붙인다. "그것도 그런대로 나쁘지 않아."

방을 천천히 둘러보자니 벽지 위 노란 열대어 그림에 "싸움을 벌일 정도로 서로 사랑하는 K.T와 M.T"라고 누군가가 적어놓은 낙서가 눈에 들어왔다. 물고기 무늬로 뒤덮인 동화적인 창문을 열어젖혔다. 고층 빌딩으로 가득한 세상. 바깥은 삭막한 도시의 정글이었다.

이곳을 거쳐 간 수많은 연인들은 창문 하나로 거친 세상에서 자신들을 분리할 수 있다고 믿으면서 사랑도 하고 다투기도 했겠지. 침대 뒤로 돌아갔더니 방습제가 보였다. 온통 바다 속처럼 꾸며놓은 객실 구석에 습기 제거 용품이 있다는 역설. 섹스에 동화는 없다. 이곳에서 조제처럼 어떤 이들이 꿈꿨을 '세상에서 가장 야한 섹스'는 결국 생생해서 서글픈 육체의 관성으로 끝난다.

20분 만에 방에서 나와 열쇠를 건네는 나를 주인이 의아한 듯 쳐다본다. 몇 마디 캐물었더니 미적대던 주인은 "영화를 보고 그 방에 투숙하려는 사람들이 종종 찾아온다"고 설명해 준다.

조제는 보고 싶은 것도 참 많은 여자였다. 불편한 다리 때문에 내 집 안에서 지내다가 츠네오를 만나 세상으로 나온 조제는 호랑이도 보기를 원했다. 좋아하는 사람이 생기면 가장 무서운 것을 함께 보고 싶어 했기 때문이었다.

두 사람이 들렀던 사이타마현의 토부 동물공원에 가기 위해 기차역에서 내려 버스를 탔다. 어린아이 셋을 데리고 탄 앞자리의 젊은 여자는 유난히 옷차림이 허름했다. 꽤 추운 날이었는데도 아이들이 입은 옷도 무척 얇아 보였다. 뒤쪽에 있었기에 얼굴은 볼 수 없었지만, 또다른 일본 영화 〈아무도 모른다〉[2004]에서 아이들을 버렸던 무정한 엄마를 떠올리고 나니 갑자기 황당한 의심이 밀려왔다. 혹시 지금 이 여자는 어딘가에 아이들을 버리려고 가는 게 아닐까.

그런데 그들은 나처럼 동물공원 앞에서 내렸다. 엄마가 표를 살 때부터 콩콩 뛰던 아이들은 입장하기 무섭게 달려가기 시작했다. 공원 내 놀이동산으로 가는 어린이 열차에 뒤이어 올라탄 엄마의 얼굴은 무척이나 밝았다. 동물원에서 누구나 그렇듯, 그들 역시 즐거운 나들이를 하는 가족이었다. 어두운 것은 내 편견일 뿐이었다. 그날 동물공원 곳곳에서 연이어 마주칠 때마다 삶의 하루를 즐기는 그들의 환한 웃음은 계속 나를 부끄럽게 만들었다.

토부 동물공원의 아무르 호랑이는 무섭다기보다 안쓰러웠다. 강박증에라도 걸린 듯, 좁은 우리 안을 잠시도 쉬지 않고 어슬렁거렸다. 많지 않은 관람객들의 인기는 훨씬 더 넓은 옆 울타리의 백호(白虎)가 독차지했다.

동물원을 나와 역을 향해 걸어갈 때에야 그날이 '성인의 날'이라

는 사실을 알게 되었다. 미야시로마치라는 마을의 회관에서 이제 막 성인식을 마친 젊은이들이 거리로 쏟아져 나왔다. 여자들은 아주 화사한 기모노 차림이었고 남자들은 대부분 말쑥한 검은 양복을 입고 있었다. 남자 따로 여자 따로 삼삼오오 짝을 지어서 걷는 그들의 얼굴에는 이제 막 미래를 향해 걸음을 내딛는 자의 흥분이 그대로 담겨 있었다.

스무 살은 미래를 열어젖힐 수 있는 대가로 1인분의 삶을 고스란히 제 어깨에 올려놓아야 하는 나날이다. 2인분의 사랑이 무거워 결

국 이별을 치르고서 1인분의 삶으로 돌아갔던 츠네오처럼, 이 아이들도 언제부터인가는 설렘 대신 부담이 더 크게 다가오는 순간을 겪을 것이다. 결국 사람은 그 자신의 어깨만큼 산다. 그러나 아무리 무거워도, 부디 1인분의 삶을 흘리지 않을 수 있길. 함께 가는 이가 흘린 삶은 또다른 항해자에게 암초가 되어버릴 수 있으니까.

 도쿄를 떠나기 전날, 비가 내렸다. 겨울비는 술 마시기에 좋다는 린위탕林語堂의 말을 떠올리며 신주쿠의 좁은 술집 골목으로 갔다. 포장마차를 연상시키듯 작은 술집에는 혼자서 꼬치구이를 앞에 놓고

따뜻한 정종 잔을 비우는 사내들로 가득했다. 입구에 들어설 때 앉아 있던 누군가가 눈인사를 보내왔다. 주인 여자의 요란한 호객 소리뿐, 아무도 입을 열지 않고 1인분의 술잔만 말없이 비웠다. 이 골목 어딘가에서 갑자기 늙어버린 츠네오도 혼자 술잔을 기울이고 있을지도 모를 일이었다.

:: 조제, 호랑이 그리고 물고기들 ジョゼと虎と魚たち, 2003
감독 : 이누도 잇신    배우 : 쓰마부키 사토시, 이케와키 지즈루, 우에노 주리

다리가 불편한 여자는 어려운 환경 속에서 집에 은거하며 할머니와 단둘이 살아간다. 대학생인 남자는 우연히 여자를 알게 된 뒤 점차 사랑을 느낀다. 할머니가 세상을 떠나자 동거를 시작한 남자는 그녀를 부모님께 소개하러 떠난 여행길에서 이별을 예감한다. 일본 감독 이누도 잇신의 〈조제, 호랑이 그리고 물고기들〉은 한국에서 작지만 뜨거운 반응을 불러일으켰다. 전국 다섯 개 스크린에서 소규모로 개봉된 이 영화는 5개월간 장기 상영되며 6만 명의 관객을 모으는 대성공을 거뒀다. 갖가지 핑계를 대면서 우리가 도망쳐왔던 그 모든 과거에 바치는, 돌아서서 뒤늦게 흘리는 눈물 같은 영화.

## 게으름 피울 수 있는 권리
### 〈나니아 연대기〉, 뉴질랜드

처음 뉴질랜드에 갔을 때는 자연만 보였다. 끝없이 펼쳐진 목초지와 들판을 거니는 양떼, 혹은 눈동자를 물들이는 바다와 세포 안으로 파고드는 바람. 그러나 영화〈나니아 연대기 : 사자, 마녀 그리고 옷장〉(이하〈나니아 연대기〉)의 촬영지를 찾아 몇 해 만에 다시 찾은 뉴질랜드에서는, 사람이 보였다. 키위 뉴질랜드인의 별칭들은 작은 목소리로 말했지만 확신이 있었고, 격식을 차리지 않았지만 예의를 잃지는 않았다. 환상적인 이야기의 무대에서 살아가는 '나니아 사람들'은 강인했다.

**그녀, 카라**
주근깨투성이의 그녀가 멋쩍은 듯 씩 웃었다. 그러더니 청바지에

쓱쓱 사과를 문질러 닦아 크게 베어 물었다. 영락없는 시골 처녀의 모습이었다. 양 2,000마리를 방목하는 커다란 목장 '테 탕아'의 쪽문 옆에 자라는 사과나무에서 볼품없는 네댓 개의 열매를 따낸 카라는 그중 성한 놈 두 개를 골랐다. 하나는 내게 건네주고 또 하나는 자신의 입으로 가져갔다. 벌레 먹은 흔적까지 있는 작은 사과였지만 의외로 맛있었다. 손에 쥔 나머지 사과 세 개를 쳐다보자 어깨를 으쓱거리며 말했다. "키우는 말이 사과를 워낙 좋아해서요."

카라는 주민이 모두 450여 명밖에 되지 않는 뉴질랜드 남섬의 작은 마을 오와카를 찾아온 관광객을 말에 태우고 다니며 안내하는 가이드 일을 주로 했다. 오와카는 마오리 원주민 언어로 '카누'라는 뜻. 나무를 베어 카누를 만드는 일이 잦을 정도로 마을 주변의 숲이 울창하기에 붙은 이름이었다.

마을에서 딱 하나밖에 없는 식당에서 식사를 마친 뒤, 카라는 처음에 오와카 근처 폭포들을 보여주려 했다. 그러나 가족이 직접 목장을 운영한다는 이야기를 들으니 그곳에 더 가고 싶어졌다. 뉴질랜드에서는 차를 타고 이동할 때마다 어디서든 양떼를 볼 수 있었다. 넓은 벌판에 무리 지어 노는 수많은 양들을 보면 서양인들이 왜 잠이 오지 않을 때 잠자리에서 양을 헤아리는지가 이해되고는 했다. 그러나 그렇게 자주 양떼를 접하면서도 한 번도 가까이서 제대로 양을 본 적이 없었기에, 카라의 목장에 꼭 가보고 싶었다.

양이라는 동물이 겁이 많다는 말은 사실이었다. '테 탕아'라는 이름의 광활한 산비탈 목장 안을 카라가 모는 트럭을 타고 다니다가 양떼를 발견하면 즉시 내려 카메라를 들이댔다. 하지만 그때마다 양들은 전력질주하며 시야에서 멀어졌다. 양이 그렇게 빨리 달리는 동물인 줄은 몰랐다. 따라 뛰다가 두 번이나 진창에 빠졌지만, 결국 제대로 된 사진을 찍는 데 실패했다. 언덕 아래서 카라가 놀리듯 고개를 좌우로 흔들며 웃었다. 유난히 낯을 가렸던 그녀의 첫인상은 온데 간 데 없었다.

갑자기 몇 살인지 궁금해져서 카라에게 나이를 물어도 괜찮냐고 했다. 아무렇지도 않다는 듯 어깨를 한 번 으쓱한 그녀는 "스물네 살"이라고 대답한 뒤 "어려 보이죠? 공기가 워낙 좋은 시골이라서 그래요"라고 재빠르게 덧붙였다. 그녀의 확신에 찬 말투를 부인하기에는 적지 않은 용기가 필요했기에, 그냥 사람 좋은 미소를 만들어가며 긍정해 줬다. "정말 그러네요."

양들은 마치 약을 올리기라도 하려는 듯 내게서 달아날 때도 아주 멀지도 않게, 딱 안 잡힐 정도의 거리까지만 도망갔다. 그러고서는 일제히 목을 돌려 놀리듯 나를 바라봤다. 쑥스럽기도 하고 솔직히 오기도 났다. 하지만 양을 따라 풀밭을 뛰어다니는 일은 더없이 즐거웠다. 가족 관객을 겨냥한 영화 〈나니아 연대기〉에 사자 아슬란과 비버 부부를 비롯해 동물 캐릭터가 대거 등장한 것은 자연스러운 일이었다. 〈오즈의 마법사〉[1939]나 〈이상한 나라의 앨리스〉[1972]가 그랬듯, 동물들과 함께 환상의 세계를 넘나드는 이야기야말로 남녀노소 모두를 사로잡을 수 있는 모험담일 테니까.

목장을 나와서 카라와 함께 '푸라카우누이 베이'에 갔다. 뉴질랜드 남섬에서 두 번째로 큰 도시 더네이딘으로부터 차를 타고 절경의 해안 캐틀린 코스트를 1시간 30분가량 달려 도착한 그곳은 〈나니아 연대기〉의 결말 부분을 찍은 장소다. 네 남매가 모험을 성공리에 끝내고 왕관을 쓰게 되는 궁전의 외부는 컴퓨터그래픽으로 그려낸 것이지만, 깎아지른 절벽과 드넓은 해변은 작품 속 그대로였다.

모래밭이 워낙 평평해서 차례로 밀려온 파도는 힘을 다 잃고 나서도 이리저리 쓸려 다니며 겹겹이 갖가지 문양을 만들어냈다. 내려앉은 갈매기들은 요령껏 파도를 피해가며 오후의 햇살을 즐겼다. 조금 떨어진 언덕의 숲은 거센 바람 때문에 아예 바다 쪽으로 통째로 기울어 있었다.

노인과 그의 손자인 듯한 아이가 넓은 모래사장으로 함께 랜드 요트를 끌고 나왔다. 돛에 받은 바람의 힘으로 밑의 바퀴를 굴려 움직이는 랜드 요트에 먼저 올라탄 것은 노인이었다. 바람이 조금 약했던지 노인은 아이에게 밀어달라고 부탁했다. 랜드 요트가 움직이자 노인은 어린애처럼 좋아했다.

한참을 밀어주었는데도 노인이 내리지 않자 토라진 아이가 몸을 돌려 세워둔 차를 향해 달려가버렸다. 당황한 노인은 랜드 요트를 내버려둔 채 아이의 이름을 부르며 뒤쫓아갔다. 심술이 생겨날 이유가 없는 평화로운 바닷가. 쿡쿡. 웃음이 나왔다.

　영화 속에서 모든 것을 다 이룬 사자왕 아슬란이 홀로 걸어 사라져간 이 바닷가가 뉴질랜드의 남쪽 끝이라는 사실을 깨달은 것은 그 직후였다. 뉴질랜드의 남단이라면 지구의 맨 아래 지역이기도 했다. 저 멀리에서 파도를 타는 서퍼 두 명이 눈에 들어왔다. 작은 보드 끝에 재게 디뎌 체험하는 세계의 끝은 어떤 느낌일까. 한없이 고요한 세상의 밑바닥은.

　아름다운 해변과 풍요로운 농장. 돌아오는 차 안에서 "행운을 타고나셨군요" 하고 농담 삼아 말을 건넸더니 카라가 정색을 하고 답했다. 예전에는 그 사실을 몰랐다고. 그저 작고 조용한 내 나라가 답답하게만 느껴져 몇 년간 외국으로 떠돌았다고. 밖에 나가서야 스스로가 얼마나 행운아인지 깨달았다고. 다시 돌아온 나는 이 땅을 너무도 사랑한다고.

행복은 맛이 강하지 않은 최상급 포도주 같은 것이다. 얕은 입맛에는 무미건조하게 느껴진다.

### 그, 로브

그 역시 마찬가지였다. 스무 살 때 영국으로 갔다. 사이클 선수로 활약하며 나름대로 성공했다. 카라가 떠올라 단도직입적으로 물었다. "그런데 왜 돌아왔어요?" 미소와 함께 로브가 여유롭게 받았다. "영국에는 여름이 1년에 딱 두 주밖에 없거든요."

뉴질랜드 남섬 캔터베리 지역에는 영화 〈나니아 연대기〉와 관련 있는 여행상품이 나와 있었다. 이 영화가 주요 국가에서 개봉된 지 불과 한 달 만인 2006년 1월 초부터였다. 〈반지의 제왕〉[2001~2003]과 〈킹콩〉[2005]에서 〈나니아 연대기〉까지, 세계인에게 뉴질랜드는 온통 판타지의 공간이었다.

그러나 영화 속에 등장한 장소를 외지인에게 소개하는 게 생활인 로브 같은 키위들에게 판타지는 곧 하루하루의 리얼리티였다. 여행객과 원주민, 남자와 여자, 그리고 나와 너. 리얼리티와 판타지를 가르는 것은 각도일 뿐, 사실 둘 사이의 거리는 그리 멀지 않았다.

'나니아 연대기 투어'에 참여하기 전날, 남섬 동부 한가운데 있는 오아마루라는 도시에서 하루를 묵었다. 눈부시게 흰 석재에서 이름을 따왔다는 오아마루는 아닌 게 아니라 온통 하얗게 빛을 내는 건물들로 가득한 동화적인 도시였다.

해질 녘, 잠시 한적한 시내를 거닐다가 도시 중심에 있는 퍼블릭 가든 옆 기찻길에서 노마 앤 컨즈라는 소녀의 추모비를 발견했다. 추모비 구절에 따르면 열한 살 노마는 1950년에 이곳에서 사랑하는 개를 구해내고 그 대신 기차에 치어 죽었다. 추모비를 세운 것은 '동물을 사랑하는 사람들 일동'이었다. 온통 동물 캐릭터로 가득한 〈나니아 연대기〉의 궤적을 찾아 떠난 뉴질랜드 여행길이어서였을까. 비문을 읽다가 갑자기 뭉클해졌다. 누군가를 지켜내느라 스스로를 지키지 못한 어느 아이의 마음이 더없이 생생했다.

〈나니아 연대기〉에서 전쟁을 피해 시골 마을에 잠시 머물게 된 어린 네 남매의 환상 여행은 둘째 아들 에드먼드가 거대한 옷장을 통해 판타지 나라 나니아로 들어가면서 본격적으로 펼쳐진다. 다음날 아침 일찍 참여한 이 영화의 관련 여행 코스 역시 에드먼드가 나니아에 처음 들어가서 맛보았던 터키 젤리를 먹어보는 것으로 시작됐다. 처음 맛본 터키 젤리는 너무나 달콤해서 많이 먹을 수는 없을 것 같았다. 그리고 그것은 곧 환상의 맛이기도 했다. 로브는 극중 아이들이 걸쳤던 모피 코트까지 입혀줬다.

로브가 모는 밴을 타고 오아마루 인근의 엘리펀트 록에 도착했다.

〈반지의 제왕〉에서 〈나니아 연대기〉까지, 뉴질랜드에서 찍은 판타지 영화의 실제 무대는 개인 목장인 경우가 많았다. 〈나니아 연대기〉의 두 자매가 활쏘기 연습을 하고 두 형제가 말 타고 검술 연습을 하는 장면을 촬영한 엘리펀트 록 역시 양과 소를 방목하는 거대한 사유지였다. 신(神)이 일부러 동물 모양을 조각해 놓은 듯, 기기묘묘한 형상의 거대한 석회암 바위들이 곳곳에 놓여 있는 엘리펀트 록은 그 자체로 흡사 야생동물 군락지처럼 보였다.

그중 이 목장의 이름을 엘리펀트 록이라고 짓게 만든 코끼리 모양의 바위로 다가갔다. 10여 미터 높이의 바위 꼭대기에 오르니 "Matt + Fiona 98, Love Forever"라고 새긴 희미한 낙서가 눈에 들어왔다. 태양빛을 받아 한층 붉게 빛나는 바위를 손으로 세게 눌러봤더니 표면이 부서져 내렸다. 10여 년 전 이곳에 함께 올랐던 매트와 피오나는 오래지 않아 자신들의 약속이 바람에 깎여 흩어질 것이란 생각을 했을까.

단단한 화강암이든 연약한 석회암이든, 멕시코 테오티와칸의 피라미드에서 뉴질랜드 오아마루의 엘리펀트 록까지, 세계 곳곳의 명승고적에 새겨진 연인들의 약속을 볼 때마다 마음이 편치 않았다. 그곳에 잠시 머물렀으면서도 호기롭게 영원을 새기고 떠난 그 많은 사랑은 지금 어디에 어떤 모습으로 존재할까. 약속을 새겨야 하는 곳은 바위가 아니라 마음이다. 그러나 본질적으로 물과 같은 유동체인 마음은 종종 약속이 새겨진 자리를 무심히 지나서 저 멀리 흘러간다.

엘리펀트 록 주변의 계곡에는 〈나니아 연대기〉의 세트 중 일부가 남아 있었다. 그곳을 방문하자 관리인은 촬영 당시의 기념사진들을 모아놓은 앨범을 자랑스럽게 보여줬다. 동물 캐릭터로 보이기 위한 옷 더미 사이에서 잠든 어느 엑스트라 사진 밑에는 "내가 여기서 자고 있는 걸 아무도 모를 거야"라는 장난스러운 사진 설명이 적혀 있기도 했다.

　계곡에는 영화 속에서 나왔던 화덕이 남아 있었고, 천혜의 자연으로도 모자라 기어이 새로 만들어놓은 인공 바위 덩어리까지 있었다. 앞면만 접하면 감탄스러울 정도로 정교했지만, 인공 바위의 뒷면은 대충 얼기설기 얽어놓은 나무판자와 스티로폼 덩어리였을 뿐이었다. 영화에서 화면에 드러나지 않는 부분은 결국 존재하지 않는 부분이니까. 판타지의 다른 한쪽은 그렇게 허망했다.

　가족과 함께 이곳을 방문했다가 바위 위에 올라서서 사진 포즈를 취하는 소녀를 보았다. 그 아이는 극중 틸다 스윈튼이 연기한 하얀 마녀를 흉내 내고 있었다. 어디서 구했는지 카펫 조각을 두르고 머리에 나뭇가지까지 꽂은 채 일부러 심술궂은 표정을 짓던 소녀는 촬영이 끝나자 계곡에 방목되던 양들을 정신없이 쫓아다녔다. 카라의 테 탕아 목장에서 이미 실패를 경험한 나로서는 소녀의 무망한 시도에 슬며시 웃음이 나오지 않을 수가 없었다.

　멀고 먼 옛날, 바다 밑이었던 그 땅이 융기 후 세월과 바람의 힘을 빌려 기기묘묘한 형상의 바위 계곡으로 탈바꿈했고, 그곳이 잠시 판

타지 영화의 무대가 되었다가 또다시 판타지를 현실로 체험하기 위한 관광 코스로 변하게 된 상황이 기묘했다. 도무지 어디까지가 바다이고 육지인지, 혹은 판타지고 리얼리티인지 모를 혼란스러운 느낌이랄까. 시간과 신화와 현실이 뒤섞인 공간의 존재감이라니. 그러고 보니 이곳 투어를 진행하는 회사 이름이 '사라진 세계Vanished World'라는 것도 우연 같지 않았다.

투어의 정점은 뉴질랜드 남섬의 중심 도시인 크라이스트처치에서 서쪽으로 두 시간을 달려 도착한 아서즈 패스 국립공원 인근의 플록 힐. 네 아이들이 이끄는 아슬란의 병사들과 하얀 마녀의 군대가 정면충돌하는 클라이맥스 전투 장면을 찍은 곳이었다. 사유지라서 개인 여행으로는 갈 수 없는 플록 힐은 투어 회사에만 접근권을 허락했다.

〈나니아 연대기〉 제작진은 드넓고 험준한 개인 목장에 5억 원을 들여서 6킬로미터에 이르는 비포장도로를 닦았다. 외진 산중이라서 감독과 프로듀서는 크라이스트처치에 숙소를 두고 촬영 때마다 헬기로 이동했다. 흙먼지를 폴폴 날리며 비포장도로 위로 차를 몰 때, 놀란 양떼는 흡사 홍해 갈라지듯 도로 양옆으로 달아나며 장관을 연출했다.

그 길 끝에서 마치 바위들이 하나하나 살아 움직이는 양떼 같은 협곡을 만났다. 전차를 탄 마녀에게 에드먼드가 칼을 들고 달려드는 장면을 찍은 촬영지이기도 한 그 계곡의 바위 아래 그늘에 앉아서 샌드위치를 꺼냈다. 벌이 웅웅 날아다녔다. 멀리서 양 우는 소리가 희미했다. 그 외에는 아무 소리도 들리지 않았다. 샌드위치를 한 입 베어 물었다. 산토끼 두 마리가 코앞을 가로질러갔다. 나 자신이 풍경의 일부가 된 것은 그때였다. 잊지 못할 만큼 평화로운 점심식사였다.

  계곡 옆으로 10여 분 정도 걷자 눈앞에 탁 트인 대평원이 나타났다. 남매들의 맏이인 피터가 무장한 채 돌격 명령을 내렸던 바위 위에 내가 올라서는 사이에, 로브가 영화에서 실제로 쓰였던 피터의

소품 칼을 가져왔다. "아슬란이 그의 이름을 떨치는 날, 나니아에 봄이 다시 찾아오리라"는 구절이 새겨진 칼은 제법 무거웠다.

칼을 들고 바위에 서자 벌판을 가득 메운 두 진영이 함성을 지르며 서로를 향해 달려가는 장면이 저절로 눈앞에 펼쳐졌다. 온통 누른 벌판을 휘감고 솟아오른 바람이 칼끝에서 웅웅 소리를 냈다. 환상이 깃들 수 있는 곳은 태고의 세계였고, 시원始原의 공간이었다.

차를 되돌려 판타지에서 현실로 돌아가는 길. 화제는 더이상 영화가 아니었다. 잊을 수 없는 강 이름, '브로큰 리버Broken River'를 지날

무렵, 이곳으로 올 때 던졌던 질문을 반복했다. 이번에는 웃음을 거둔 로브가 진지하게 대답했다.

"어차피 모든 일에는 끝내야 할 순간이 있잖아요. 육체적으로 격심한 사이클 선수 생활을 그만두어야겠다고 결심하자 자연스레 고향이 떠올랐어요."

마지막 순간에 떠오르는 것이야말로 그 사람의 삶 전체를 응축하는 상징일 것이다. 그게 공간이든 시간이든. 혹은 사람이든.

### 그녀, 소피

그녀의 상황은 좀 달라 보였다. 뉴질랜드를 떠난 적이 한 번도 없었다니까. 뉴질랜드는커녕, 라나크 캐슬 안에만 머물며 이제까지의 인생 전체를 보냈으니까. 그 성城에서 태어났고 그 성에서 자랐으며 그 성에서 결혼한 뒤 이제 자신을 꼭 빼닮은 네 살짜리 딸 아이까지 그 성에서 키우고 있는 그녀는 이제 그곳을 지겨워하지 않을까. 아무리 멋진 곳에서라도, 고여 있는 삶은 작은 원심력에도 일렁이기 쉽지 않은가. 그러나 라나크 캐슬의 상속인은 내가 질문을 미처 마치기도 전에 빠른 속도로 대답했다.

"그럴 리가요. 제게 세상은 라나크 캐슬이 전부인 걸요. 이 성은 제가 사는 집이 아니라 제 삶 자체랍니다."

더네이든 인근 오타고 만에 세워진 라나크 캐슬은 뉴질랜드 유일의 성이었다. 더네이든을 벗어나 자동차로 20여 분 달리다가 구불구

불 가파른 언덕길을 한참 올라 도착한 라나크 캐슬은 아주 크지 않았는데도 웅장한 느낌을 주었다. 도착해서 등록을 마치자 그 성 소유주의 딸인 소피가 환한 얼굴로 맞았다. 네 살짜리 딸 샬럿을 데리고 온 그는 라나크 캐슬과 자신의 관계에 대해 "내 모든 추억이 담긴 곳"이라는 말로 선명하게 요약했다.

 자신에게 매우 익숙한 성 내부 곳곳을 차분히 설명하던 그는 애초에 이 성을 지었던 대부호 라나크의 세 번째 부인 콘스탄스의 방에 도착하자 "유령이 나오는 곳"이라며 눈빛을 반짝였다. 아닌 게 아니라 다른 장소와 달리 조명을 어둡게 해놓은 그 방 천장에는 유령 마

네킹이 매달려 있었다. 소피는 어릴 적 늦은 밤 화장실에 갈 때마다 그 방 앞을 지나치는 것이 무서워 베란다를 타고 빙 돌아서 갔다고 들려줬다.

라나크 캐슬에는 비극적인 가족사가 숨어 있었다. 엄청난 재산을 모은 라나크는 18세기 중엽에 이 성을 짓고 살기 시작했지만, 이곳에서 그의 세 아내가 차례로 병에 걸려 그보다 먼저 세상을 떠났다. 세 번째 아내 콘스탄스가 죽은 뒤 라나크는 자신의 첫번째 아내와의 사이에서 낳은 아들이 콘스탄스와 은밀한 관계였다는 사실을 알게 됐다. 부와 명예를 한 손에 쥔 몸이었지만 충격을 이기지 못한 라나크는 의회에서 회기중에 권총으로 자살했다. 아버지의 최후에 대해 전해들은 아들 역시 죄책감에 스스로 목숨을 끊었고 회한에 젖은 콘스탄스의 유령은 밤마다 성을 떠돌았다.

미국 뉴햄프셔 주州의 캐슬 인 더 스카이에서 오스트레일리아 사우스오스트레일리아 주의 마틴데일 홀까지, 이상하게도 부호들의 대저택은 슬픈 역사를 갖고 있는 경우가 많았다. 기세 좋게 성을 짓고 삶을 누린 것은 잠시뿐, 성을 지은 사람들은 많은 경우 파산으로 전락한 삶을 살거나 비참한 죽음으로 끝을 맺었다. 수많은 사람들이 제 한 몸 누일 곳을 갖지 못해 떠돌고 있는 이 세계에서, 한 사람이 자신만을 위해 거대하고 호화로운 거처를 짓는다는 것은 잘못된 일일까. 아니면 산정山頂에 도달한 행복이란 결국 심연深淵의 불행으로 방향을 틀기 마련인 것일까.

부활절 오전이라서인지 라나크 캐슬은 수많은 관광객으로 북적거렸다. 그들 사이에 섞여 3층의 좁은 계단을 올라 옥상 전망대에 이르니, 아름다운 오타고 만이 시원스레 눈앞에 펼쳐졌다. 한 사람이 독점하기에는 정말 아까운 경관이었다.

관람을 마치고 1층 기념품 가게를 지날 때 소피가 판매용 그림엽서 한 장을 가리켰다. "라나크 성의 공주"라고 적힌 그 엽서에서 소피는 샬럿을 안고 환하게 미소 짓고 있었다. 어린 시절 자란 집에 대한 추억을 막연한 상상으로만 떠올리는 객*은 과거와 현재와 미래를 하나의 장소에서 살아가는 소피가 잠시 부러웠다.

어디선가 풍겨오는 오래된 저택의 고가구 냄새에 고개를 끄덕이고 있을 때 소피가 물었다. "한국에 언제 돌아가세요?" 미래의 시간과 과거의 공간. 그 불가해한 시공의 좌표평면 위 한 점이 내가 밟아야 할 귀환점이라고 생각하니 갑자기 정신이 아득해졌다.

### 그, 루크

그는 확실히 경우가 다르다고 생각했다. 미국인이었으니까. 미국 동부 매사추세츠 주에서 살던 그는 뉴질랜드의 풍광에 반해 1992년 이곳으로 이주했다. "그러니까 당신을 키위라고 말할 수는 없는 거네요." 그러자 강 밑바닥에 노를 찔러 넣어 익숙하게 젓던 그가 말했다. "아뇨, 저도 키위예요. 이곳에서 14년을 살았는데, 어떻게 키위가 아닐 수 있겠어요."

세상에 이렇게 조용하고 평화로운 도시가 또 있을까. 그런 생각이 절로 들만큼 크라이스트처치는 고즈넉했다. 벤치에 기댄 사람들은 책을 읽었고, 풀숲에 앉은 사람들은 기꺼이 몸을 눕혀 눈을 감았으며, 보트를 타는 사람들은 강물의 흐름에 몸을 맡겼다. 에이번 강에서 펀팅영국식 뱃놀이을 하며 크라이스트처치의 도심을 가로지르는데도 급해 보이는 건 전혀 없었다.

그들 모두는 시간을 초대해 놓고 있었다. 어쩌면 우린 너무 서두르기 때문에 매번 늦는 게 아닐까. 전력 질주하는 문명의 아찔한 속도 안에서 필요한 것은 혹시 이런 게 아닐까. 게으름 피울 수 있는

권리, 최선이라는 말에 쫓기지 않을 권리, 주저하고 때로는 왔던 길을 되돌아갈 수도 있는 권리.

물론 크라이스트처치도 '천국'은 아니었다. 호텔에서 받아본 그날 아침의 지역 신문 머리기사는 토요일 밤마다 도시 외곽 지역을 공포로 몰아넣고 있는 폭주족에 대한 것이었으니까. 그래도 하루 머무르며 잠시 스쳐 지났던 이 이국의 도시에서 늘 서두르기만 하는 나그네는 모처럼의 평안을 얻었다. 지금 이 순간만큼은 충분했다. 어차피 여행에서 얻는 것은 학습이라기보다는 휴식이고 각성이라기보다는 추억일 테니.

느릿느릿 흐르는 에이번 강은 좁고 얕고 또 맑았다. 바닥에는 뱀장어가 헤엄쳐 다녔고 위에는 오리가 떠다녔다. 바람이 불자 갑자기 낙엽이 우수수 떨어져 강물을 덮었다. 고개를 돌려 주변 숲을 새삼 둘러봤더니, 세상에, 한국과 계절이 정반대인 남반구의 이 아름다운 도시는 뿌리부터 잎까지 온통 가을이었다.

개를 데리고 강가의 헤글리 공원을 산책하는 키 작은 노인의 발밑에서 낙엽들이 바스락거리며 가을을 우는 소리가 생생히 들려왔다. 강 위로 뻗은 나뭇가지를 피하기 위해 노를 거두고 잠시 뱃전에 쭈그리고 앉은 채, 에이번 강의 뱃사공 루크가 넌지시 물었다. "한국은 지금 날씨가 어떤가요."

봄의 판타지와 가을의 리얼리티. 떠나온 봄과 떠나갈 가을. 흘러가는 것은 시간이 아니다. 시간 속을 우리가 흘러가는 것이다.

## :: 나니아 연대기 : 사자, 마녀 그리고 옷장
The Chronicles of Narnia : The Lion, the Witch & the Wardrobe, 2005
감독 : 앤드류 애덤슨   배우 : 조지 헨리, 스캔더 킨즈, 안나 포플웰

영국 작가 C. S. 루이스의 원작을 영화화한 판타지 대작. 제2차 세계대전 중 시골 마을로 피신한 네 남매가 옷장을 통해 들어간 신비한 나라 나니아에서 겪는 모험을 그렸다. 옷장을 통해 연결된 세계에서 펼쳐지는 전쟁은 곧 아이들이 자라기 위해 치러내야 하는 성장의 전투이며, 매일매일 전락의 위험에 맞서는 영혼의 싸움이다. 예수의 죽음과 부활의 의미가 사자왕 아슬란의 운명 속에서 재현되기도 한다. 2005년에 시리즈 첫 작품인 〈나니아 연대기 : 사자, 마녀 그리고 옷장〉이 개봉되었고, 2008년과 2009년에 연달아 속편이 공개될 예정.

#03

시간을 찾다

## 봉인된 시간

〈글루미 선데이〉, 부다페스트

부다페스트의 겨울은 맑고 스산했다. 매섭게 추운 날씨가 이어졌는데도 이상하게 늦가을의 쓸쓸한 공기가 거리마다 서려 있었다. 역사적인 건물이 많은 고지대의 서쪽 부다와 신시가지가 펼쳐진 동쪽 페스트 지역으로 나뉘는 이 천년고도의 한가운데로 두나 강<sup>헝가리인들은 다뉴브 강을 이렇게 부른다</sup>이 말없이 흘렀다. 이 강을 무대로 삼아 기이한 사랑 이야기를 유장하고도 로맨틱하게 펼치는 작품이 있었지. '우울한 일요일<sup>Gloomy Sunday</sup>'을 뜻하는 영화 〈글루미 선데이〉의 부제는 '사랑과 죽음의 노래'였다. '사랑'과 '죽음'과 '노래'. 음울하면서도 감상적인 사랑 영화에 이 세 가지 외 무엇이 더 필요할까.

**사랑**

 부다 지역 바티아니 광장 근처의 기오르스코시 거리가 이소콜라 거리로 이어지는 삼거리에는 아담하고 예쁜 2층 카페 건물이 있었다. 카페를 사이에 둔 양쪽 건너편에는 각각 10층 남짓한 건물 두 동이 서로 힘겨루기라도 하는 듯 마주 보며 서 있었다.
 갈림길은 언제나 선택을 뜻한다. 일로나와 오래도록 사랑을 나눠 온 사보는 그녀 맘속에 새로 안드라스가 자리 잡기 시작하자, 이 카페 앞에서 둘 중 하나를 선택하라고 요청한 뒤 돌아서서 홀로 걷는

다. 이제 막 안드라스가 반대쪽 길로 총총히 사라진 직후였다. 그날은 일로나의 생일이었다.

두 남자가 각각 사라진 두 길 사이에서 잠시 망설일지라도, 적잖은 시간을 함께 살아온 일로나가 곧 자신의 곁으로 따라오리라 믿었던 사보는 결국 그 길을 끝까지 쓸쓸히 혼자 걸어야 했다. 남자는 어떤 여자를 사랑하지 않는 한 그녀와 행복할 수 있다. 그러나 사랑이 아닐 때, 행복은 종종 무의미해진다.

그들을 떠올리며 삼거리에서 잠시 머뭇거리던 내가 선택한 것은 그날 홀로 걸었던 사람의 길이었다. 사보처럼 이소콜라 거리를 남쪽 방향으로 걸으니, 영화 속에서 사랑과 번민의 공간으로 등장했던 프랭클린 거리가 나왔다. 일로나가 안드라스의 집에서 하룻밤을 지내고 난 다음날, 둘을 만난 사보는 말한다. "완전히 잃느니 한 부분이라도 가지겠어."

이후 영화는 두 남자가 한 여자를 독점하지 않은 채 함께 사랑하는 기묘한 삼각관계를 낭만적으로 그려낸다. 〈글루미 선데이〉는 여성 캐릭터를 신비스럽게 객체화하는 반면, 남성 캐릭터들의 심리는 무척이나 세심하게 묘사한다. 사랑은 여자의 섬세함을 줄이는 반면 남자의 섬세함은 늘이는 경향이 있다.

레스토랑에서의 하루 일과를 끝낸 뒤 프랭클린 거리의 계단을 오르내리면서 세 사람은 번민하고 환호했으며 불안에 떨고 기쁨에 젖었다. 그리고 무엇보다 셋은 세상이 이해하지 못하는 사랑을 자신들

만의 방식으로 온전히 나눴다.

부다 지구는 경사가 급한 곳이 많아 한쪽에 좁은 계단이 촘촘히 들어선 길이 적지 않았지만, 프랭클린 거리의 계단은 특히 인상적이었다. 하늘에 닿을 듯 끝없이 이어지는 그 길의 겨울날 아침 고요한 계단을 어느 할머니가 어린 손자의 손을 잡고 천천히 오르고 있었다. 계단이야말로 사랑과 닮았다. 거기에는 오르막과 내리막이 있을 뿐이다.

수많은 계단을 오르고 올라 부다 지구 고지대에 자리 잡은 어부의

 요새에 도착했다. 강을 타고 공격해 오는 적을 막기 위한 어부들의 파수대 역할을 했던 이곳은 고깔 모양의 뾰족한 지붕에 긴 통로가 인상적이었다. 부다페스트의 대표적 관광 명소인 화려한 마차시 교회도 한눈에 내려다보였다. 그러나 차가운 날씨 때문에 인적이 끊겨 있었다. 두나 강을 한눈에 굽어보며 여기서 사랑을 속삭이던 세 사람은 서서히 다가오는 운명의 그림자도 감지했을까. 장미꽃을 꺾어 모으다보면 가시에 찔릴 수밖에 없지 않은가.
 안드라스의 이름을 그대로 연상시키는 페스트 지역의 대표적인

쇼핑가 안드라시 거리를 따라 영웅 광장 쪽으로 걷다가 서점에 들렀다. 북적대는 그곳에서 연말연시 선물로 책을 고르는 사람들을 구경하다가 다음해 달력 하나를 샀다. 그 달력은 올해 10월부터 12월까지를 담은 세 장이 더 붙어 있었다. 올해 10월이 되기 전에 이 달력을 구입했던 사람은 한 해의 4분의 1을 더 선사받는 느낌이었을까. 그 후 세 달을 무의미하게 흘려보내고도, 새삼 찾아온 새해 첫달에 한 번 더 마음을 다잡고 새출발할 수 있었을까. 1년이 15개월이라면, 세월에 대한 허무함이 조금이라도 줄어들까.

그렇다면 그 세 달을 전부 떠나보낼 즈음에야 이 달력을 사게 된 나는 어떨까. 시간을 바꿀 수는 없다는 것을 깨달을 때, 비로소 여행이 소중해진다. 바꿀 수 없는 시간에 미련을 두는 대신, 여행을 통해 공간을 바꾸고 나면 새로운 전기轉機를 맞이할 수 있으니까.

한참을 걸어 도착한 드넓은 영웅 광장은 차가운 겨울비로 텅 비어 있었다. 어둠이 안개처럼 내린 광장 한복판에서 우산도 쓰지 않은 남녀가 서로 부둥켜안은 채 또다른 하루를 함께 마감하고 있었다.

**죽음**

인생에서 기둥 줄거리를 짜주는 것은 열정이다. 구체적이고도 지루한 전개 과정쯤은 관성과 습관이 알아서 채워준다. 한바탕의 열정이 끓어넘친 뒤에 사라진 안드라스를 찾아 일로나가 자전거를 누볐던 두나 강변은 한산했다. 국회의사당이 마주 보이는 산책로에서 누군가 영어로 크게 써놓은 스프레이 낙서가 눈에 들어왔다. "원숭이는 자유롭다. 당신은? THE MONKEY IS FREE, ARE YOU?"

  다음날 택시를 타고 같은 곳을 다시금 지났다. 하루 종일 교통 체증 상태인 부다페스트에서 택시 운전사들은 모두가 곡예 운전을 했다. 조금이라도 빨리 가려고 정신없이 좁은 지름길을 누비는 그들에게 그 글귀는 어떻게 비쳤을까. 여행을 하면서도 그날 찾아가야 할 장소들을 옮겨 다니느라 내내 서둘렀던 나 역시 예외는 아니었다. 모두가 바쁜 아침, 강변을 천천히 거니는 사람은 개를 끌고 다니는 할아버지밖에 없었다. 삶의 끝에 버티고 선 벽 앞에 가까워지고서야

조금 여유를 갖게 되는 인간의 신세.

　페스트 지역 동쪽에 자리 잡은 국립묘지는 영화 속에서 비극적으로 최후를 맞은 안드라스의 무덤이 있는 곳이다. 깔끔하게 단장된 곳이었지만 을씨년스럽기는 여느 묘지와 다를 바 없었다. 극중에서 안드라스의 묘지가 있었던 곳 바로 옆의 긴 돌무덤 회랑에는 관을 덮은 육중한 석재 뚜껑들이 마치 죽음을 사열하듯 늘어서 있었다. 뚜껑마다 쇳덩이 고리가 매달려 있었지만, 고리를 두껍게 뒤덮고 있는 녹은 무덤이 영원히 열릴 수 없다고 선언하는 듯했다.

　무덤이 봉인되면 시간 역시 봉인된다. 무덤이란 전력으로 질주하

던 삶의 시간이 벽에 부딪쳐 산화된 곳이었다. 줄지어 선 묘지 사이에서 코라니 라즐로네라는 사람의 가족 묘비가 유독 눈에 들어왔다. 그는 여든을 넘기며 천수天壽를 누렸지만, 제2차 세계대전이 끝난 1945년에 태어난 그의 둘째 아이는 이듬해 곧바로 사망했다. 삶과 죽음 사이에서 아들과 아버지의 순서를 바꿔놓은 채 차갑게 금을 그어버린 운명이 이름과 생몰년만을 짤막하게 새겨놓은 묘비 글귀 속에서 선명하게 반짝였다.

겨울바람이 매섭게 불어와 낙엽들이 비석 주위로 흩날릴 때, 마음은 낮게 가라앉았다. 얼마 전에 떨어진 나뭇잎의 시체가 오래전 묻힌 인간의 시신 위를 위무하듯 떠다니는 풍경이라니. 떨어지지 않은 채 간신히 나뭇가지에 매달려 있는, 누르게 시든 나뭇잎들도 바람이 불 때마다 스스로의 전락을 예감하며 절망적으로 바스락댔다. 낙엽과 잔설과 잡초가 뒤섞인 죽음의 배경화였다.

안드라스의 장례식을 치르자마자 독일 장교 한스는 이 회랑 옆을 거닐며 사보에게 노골적으로 돈을 요구한다. 유대인 학살이 임박한 부다페스트로부터 사보 일행을 탈출시켜 주는 대가였다. 돈은 수렁에서 벗어날 날개 값을 흥정할 때 가장 더럽다.

〈글루미 선데이〉를 본 사람들이라면 누구나 기억할 세체니 다리를 걸어서 네 번 건넜다. 으르렁대는 듯 탄식하는 듯 기묘한 표정의 돌사자상 두 개가 입구를 지키고 있는 이 아름다운 다리는 극중에서 항상 죽음의 모티브와 연결되어 있었다. 훗날 제2차 세계대전이 발

발한 뒤 독일군 장교로 돌아오게 될 한스가 일로나에게 청혼했다가 거절당하자 여기서 투신하고, 자신이 작곡한 노래 때문에 연이어 자살한 사람들을 떠올리면서 망연자실하게 된 안드라스도 이곳에서 강을 내려다보다가 '유혹'을 느낀다.

  자신의 인생에서 한 페이지를 찢어내지 못해 괴로워할 때, 어떤 사람들은 책 전체를 불 속에 던지고 싶어 한다. 차도와 보도가 철저히 분리된 세체니 다리는 걸어서 긴널 때 자연스레 그 아래 강을 쳐다보게 만든다. 세상과 벽을 쌓고 다리를 건너는 사람에게는 소리

없이 흐르는 강물이 갑자기 말을 걸어오는 순간이 찾아온다.

**노래**

&lt;글루미 선데이&gt;에서 가장 중요한 공간은 사보가 일로나와 함께 운영하고 안드라스가 피아니스트로 일하는 레스토랑이다. 세트에서 촬영한 이 공간의 모델은 영웅광장 인근에 있는 유럽 굴지의 레스토랑 군델이었다. 1894년에 문을 연 이 유서 깊은 레스토랑은 "농어 요리 맛이 일품인 게 군델 뺨치는군" 같은 대사를 포함해 영화 속에서 수차례 실명으로 거론되기도 하는 곳이었다.

헝가리를 떠나기 전날 낮, 군델에 전화해서 저녁식사 자리를 예약했다. 여행객이라서 정장이 없는데 괜찮겠냐고 물었더니 빌려줄 테니 전혀 걱정하지 말라고 한다. 저녁 6시 무렵, 일찌감치 레스토랑에 도착해 들어갔더니 아직 식사시간 전인지 나 혼자밖에 없다. 헐렁하기 짝이 없는 양복을 입구에서 빌려 입은 채 텅 빈 레스토랑에서 매너 훌륭한 웨이터들의 극진한 시중을 받아가며 영어 안내가 거의 없는 메뉴판을 뒤적이고 있자니 바늘방석이 따로 없었다.

네 가지 와인이 여섯 가지 음식과 함께 나오는 11만 원짜리 '가장 저렴한 코스 요리'를 주문한 후 애피타이저로 나온 사슴고기 햄 요리를 입에 넣고 나니 그제야 여유가 생겼다. &lt;글루미 선데이&gt;에서는 "군델에서는 요즘 손님을 불러 모으기 위해 코끼리 서커스까지 한대"라고 수군대는 대사가 나오기도 했지만, 차분하고 고급스러운 분

위기는 우아하기만 했다.

악단의 위치가 조금 달랐을 뿐, 군델은 실내 구조에서부터 인테리어 색조까지 〈글루미 선데이〉에서 사보가 운영했던 레스토랑과 흡사했다. 5인조 악단이 쇼팽과 요한 슈트라우스의 음악을 연주하는 동안에도 옆자리에 앉은 미국인 커플은 눈길 한 번 돌리지 않고 서로 잡은 손을 내내 놓지 않은 채 밀어를 주고받았다.

사슴고기 햄에서 시작한 코스는 푸아그라, 사슴고기 스튜, 가자미구이, 훈제 스테이크를 거쳐 디저트인 초코 크레페로 이어졌다. 탁

월한 음식에 훌륭한 와인이었다. 하지만 뭔가 부족했다. 디저트를 기다리고 있을 때 바이올리니스트가 악단 자리를 벗어나 손님들 사이를 돌아다니며 즉흥 연주를 시작했다. 손을 살짝 들어 올렸더니 그가 다가왔다. 특별히 듣고 싶은 곡이 있냐고 그가 물었다. 〈글루미 선데이〉라고 말했다. 그럴 줄 알았다는 듯 그가 미소를 지었다. 동료들에게 고개를 끄덕이며 신호한 뒤 활을 켜자 나머지 주자들도 거기에 맞춰 곧바로 연주를 시작했다.

키 작고 머리가 벗겨진 늙은 악사가 빤히 바라보며 나만을 위한 연주를 하는 게 민망해서 눈을 슬쩍 내리깔았더니 마법이 시작되었다. 일로나와 안드라스 그리고 사보를 집어삼킨 영화 속 비극이 마치 클라이맥스에서 소중한 추억의 순간들을 빠르게 이어 붙이는 편집술처럼 눈앞에 펼쳐졌다. 곡조는 충분히 음울했다. 그러나 바이올리니스트의 화려한 연주 스타일 때문이었는지 그리 슬프게 느껴지지 않았다.

잡은 손을 여전히 놓지 않은 채 잠깐 고개를 돌려 나를 바라보고 있던 옆 테이블의 연인들과 눈이 마주쳤다. 나는 짧게 웃으며 목례했고 그들은 행복하게 미소 지었다. 바이올리니스트에게 1만 원가량을 쥐어줬다. 지폐를 손에 쥔 그는 우아한 쇼팽의 왈츠를 연주하며 다른 테이블로 멀어져갔다. 돈으로 음악을 살 수 있다니. 한 줌의 추억과 위로를 구입할 수 있다니.

그날은 금요일이었다. 비록 일요일이 우울할지라도, 그것은 이틀이나 지난 뒤의 일일 것이다. 음악이 흘러가고 침묵이 남았다. 내가 방금 들은 곡 〈글루미 선데이〉는 분명 부다페스트의 선물이었다. 그리고 음악 뒤에 이어진 이 감미로운 침묵 역시 부다페스트의 선물일 것이다.

:: 글루미 선데이 Gloomy Sunday—Ein Lied von Liebe und Tod, 1999
감독 : 롤프 슈벨    배우 : 에리카 마로잔, 조아킴 크롤, 스테파노 디오니시

제2차 세계대전을 전후한 헝가리의 부다페스트. 레스토랑 주인 사보와 피아니스트 안드라스는 독점을 포기하고 아름다운 일로나를 함께 사랑한다. 일로나를 좋아했던 한스가 독일군 장교로 레스토랑을 다시 찾아오면서 이 기이한 사랑은 비극으로 치닫는다. 전쟁과 사랑을 교직하는 방식으로 낭만적인 비극을 수놓은 멜로. 레조 세레스가 작곡한 동명의 곡이 20여 차례나 흘러나온다. 이 노래는 처음 출반된 지 8주 만에 헝가리에서만 187명을 자살로 이끌었다.

# 당신이 여기 있으면 좋겠어
〈쉰들러 리스트〉, 크라쿠프

비극의 도시는 고요했다. 〈쉰들러 리스트〉의 자취를 좇아 폴란드의 천년고도千年古都 크라쿠프를 훑는 여행은 매순간 안개처럼 곳곳에 서린 슬픔을 촉감으로 확인하는 여정이었다. 중세 도시의 위엄을 그대로 간직하고 있는 크라쿠프는 인류 역사상 가장 끔찍했던 사건의 여진 속에서 무심한 세월의 힘을 빌려 간신히 버텨내고 있었다. 거리마다 무거운 역사가 문신처럼 압착되어 있는 듯했다.

슬픔에 젖는 데도 면역이 필요했다. 영화의 진행 순서 그대로, 참극의 전조前兆를 확인하는 데서 시작해 맨 마지막으로 집단 수용소의 학살 현장을 방문하는 게 그나마 충격을 줄이는 방법이라고 판단했다.

제일 먼저 크라쿠프 기차역에 갔다. 영화 도입부에서 독일군의 명령을 받고 각지에서 옮겨온 유대인들이 모여들기 시작한 곳이다. 미래에 닥칠 참변을 미처 감지하지 못한 유대인들이 줄 서서 '등록'하던 플랫폼의 눈에 젖은 바닥은 오후 5시가 채 되지 않아 벌써 긴 꼬리를 남기고 사라져가는 석양에 핏빛으로 물들어 번들거렸다. 간간이 기차가 도착하고 다시 떠날 때만 잠시 붐볐을 뿐, 플랫폼을 내내 지배한 것은 정적이었다.

일부러 다가가 말을 걸어도 폴란드인들은 한결같이 과묵했다. 크라쿠프에서 여행자는 누구의 도움도 없이 자신의 어깨만으로 역사의 무게를 견디며 걸어야 했다. 침묵은 크라쿠프가 슬픔을 간직해

온 방식이었다.

플랫폼 사이를 연결하는 역의 지하도에는 헌책을 파는 노점 수십 개가 자리 잡고 있었다. 칼 마르크스의 《공산당 선언》이 눈에 띄게 놓여 있는가 하면, 체 게바라의 전기와 악명 높은 성애 소설 《O의 이야기》가 나란히 전시되어 있기도 했다. 오래된 혁명의 누린내와 낡은 욕망의 비린내가 빛바랜 책의 곰팡내에 섞여 기묘한 냄새로 퍼졌다. 크라쿠프에서는 시간도 냄새를 풍겼다. 숙소로 돌아오다가 바구니에 빵을 담아서 파는 여인을 보았다. 우리 돈 350원 정도에 해당하는 1주오티를 지불하고 빵을 하나 집어 들었다. 붕어빵 반 개만 한 그 누룩 없는 빵에서는 소금 맛만 진하게 났다. 우울한 여정의 초입에서, 그것은 흡사 폴란드의 눈물을 맛보는 기분이었다.

다음날 아침 둘러본 기차역 남서쪽 구시가지에는 제1차 세계대전 이전에 세워졌던 건물들이 그대로 보존되어 있었다. 이런 구시가지 전체는 유네스코에 의해 세계문화유산으로 지정되었다. 제2차 세계대전은 독일이 폴란드를 침공하면서 시작되었다. 이후 폴란드는 거대한 전쟁의 한복판에서 초토화됐다. 그러나 바르샤바를 위시한 폴란드의 다른 도시들과 달리, 마우폴스키에 주州의 주도州都인 크라쿠프는 기적적으로 제2차 세계대전의 전화戰禍를 거의 입지 않았다.

유구한 도시는 아무런 외상을 입지 않았는데 그곳에 잠시 머물렀던 사람들은 몰사했다니. 유대인 대학살을 목도하기 훨씬 전부터 그 자리에 서 있던 건물들이 그 모든 인간사의 어리석은 광란을 다 보아내고 나서도 묵묵히 버티고 서서 또다른 사람들 삶의 터전이 되고 있었다. 세월이 비극을 치장하는 도구는 역설이었다. 그 역설 속에서 이 오랜 도시는 다시금 "살아라"라고 묵묵히 되뇌고 있었다.

유대인들이 모여 살았던 크라쿠프 시 남쪽 게토 지역은 을씨년스러웠다. 스티븐 스필버그가 유대인들이 추방당하는 장면을 찍었던 요제파 거리의 건물 벽들은 검게 그을린 채 "빌어먹을 경찰" 같은 스프레이 낙서가 쓰여 있었다. 아침부터 차가운 거리를 돌아다니다보니 한기가 짙게 느껴져 잠시 쉴 곳을 찾았다. 그러나 오전 10시를 넘긴 시간에도 카페나 음식점은커녕 문을 연 구멍가게조차 없었다. 문이 열려 있어서 잠시 들어간 유대교 회당 시나고그의 낡은 계단 옆에 서서 쉬고 있자니 따뜻한 커피 생각이 간절했다.

즈고디 광장은 처음 수용되었던 집단 거주지에서 시의 동쪽에 지은 강제수용소로 옮겨지기 직전에 유대인들이 웅성거리며 모여 있던 곳. 광장 전체에는 수십 개의 큼지막한 일인용 나무의자들이 마치 도열하듯 곳곳에 줄을 맞춰 전시되어 있었다. 죽음을 향해 유대인들이 떠나간 출발 장소를 의자들로 채운 아이디어는 누구의 것일까. 빈 의자만큼 참극을 웅변할 수 있는 오브제<sup>objet</sup>도 없겠다는 생각이 절로 들었다.

즈고디 광장 한쪽에는 파머시 오브 이글<sup>Pharmacy of Eagle</sup>이라고 불리는 곳이 있었다. 제2차 세계대전 때 유대인 집단 거주지 한가운데 있었던 이곳은 당시 건축물 중 오늘까지 유일하게 남아 있는 건물이었다. 유대인들이 몰래 모여서 대책을 논의하고는 했다는 이 약국은 지금 작은 박물관으로 바뀌어 있다. 그러나 날뛰는 역사의 이글거리는 광염 한가운데서 무슨 대책이 마련될 수 있었을까.

박물관 안에는 당시를 증언하는 갖가지 사진들이 전시되어 있었다. 크라쿠프 기차역에 도착해 유대인 등록을 해야 했던 어느 노파의 사진에서는 독일군 병사가 팔을 붙잡고 강제로 서명하도록 하고 있었다. 의자를 거꾸로 들고 그 위에 너저분한 세간을 올려놓고 나르는 어린 소녀의 눈은 퀭했다. 그리고 한쪽 벽에는 '쉰들러 리스트'가 걸려 있었다. 쉰들러가 독일 당국에 제출한 고용자 명단에는 한 인간의 선의로 간신히 지옥에서 벗어난 '운 좋은' 사람들의 이름이 빽빽하게 들어 차 있었다.

박물관을 나서니 간밤에 새로 내린 눈이 햇빛을 받아 아름답게 반짝거리는 거리가 아름다웠다. 그러나 크라쿠프의 과거를 되밟는 이방인은 무의식적으로 잠시 터뜨린 탄성에도 죄책감을 느껴야 했다. 방금 전 파머시 오브 이글에서 보고 나온 사진 한 장이 생생히 떠올랐기 때문이다. 당시 집단 거주지 거리마다 일렬로 늘어서서 치쌓인 눈을 삽으로 치우고 있는 유대인들의 뒤에서는 독일 병사들이 총을 겨누고 있었다. 눈과 삽과 총이 함께 들어 있는 그 부조리한 광경은 잠깐의 낭만을 단번에 질식사시켰다.

마켓 스퀘어로 가다가 담이 유난히 높은 어느 성당 건물의 앞길에서 늙은 수녀가 수녀복을 입은 채 나무판자로 눈더미를 힘겹게 치우는 모습을 보았다. 이제 다시 차가운 밤이 한 번 더 지나가면 저 눈은 완고한 얼음으로 바뀔 것이다.

전세계 도시 어디에나 있는 건너편 맥도널드 매장에서 감자튀김을 먹던 남자도 유리창 너머에서 수녀의 노동을 나처럼 물끄러미 바라보고 있었다. 눈길을 돌리던 그는 나와 눈이 마주치자 멋쩍은지 아예 의자를 돌렸다. 폴란드 사람들은 과묵할 뿐만 아니라 수줍고 내성적이었다. 크라쿠프에서는 흔히 마주치기 어려운 나 같은 동양인을 힐끗 쳐다보는 일조차 다 지나쳐서 시선 밖으로 사라지고 나서야 뒤돌아보는 식이었다.

수백 명의 유대인을 고용함으로써 살려낸 오스카 쉰들러의 공장은 리포바 스트리트에 영화 속 모습 그대로 놓여 있었다. 굳게 닫힌 철문 앞에서 서성이며 사진을 찍고 있자니, 관리인인 듯한 사람이 나와서 영화 〈쉰들러 리스트〉 때문에 왔냐고 물었다. 그에게 내부를 보고 싶다고 부탁했다. 의외로 선뜻 안내를 해줬다.

쉰들러의 집무실은 대대적으로 내부 수리 중이던 공장 건물 2층에 있었다. 생각보다 작았다. '쉰들러 사무실'이라고 쓰인 나무문을 열고 들어가자 영화 〈쉰들러 리스트〉의 포스터 한 장이 벽에 붙어 있을 뿐 실내는 썰렁하기 그지없었다. 한쪽 구석에 놓여 있는 책상 위에는 이곳을 찾아온 방문자들이 각국어로 소감을 남긴 두꺼운 비망록 노트가 놓여 있었다.

책상 앞에 앉았다. 뭐라고 쓸까 잠시 생각하다가 평소 좋아하던

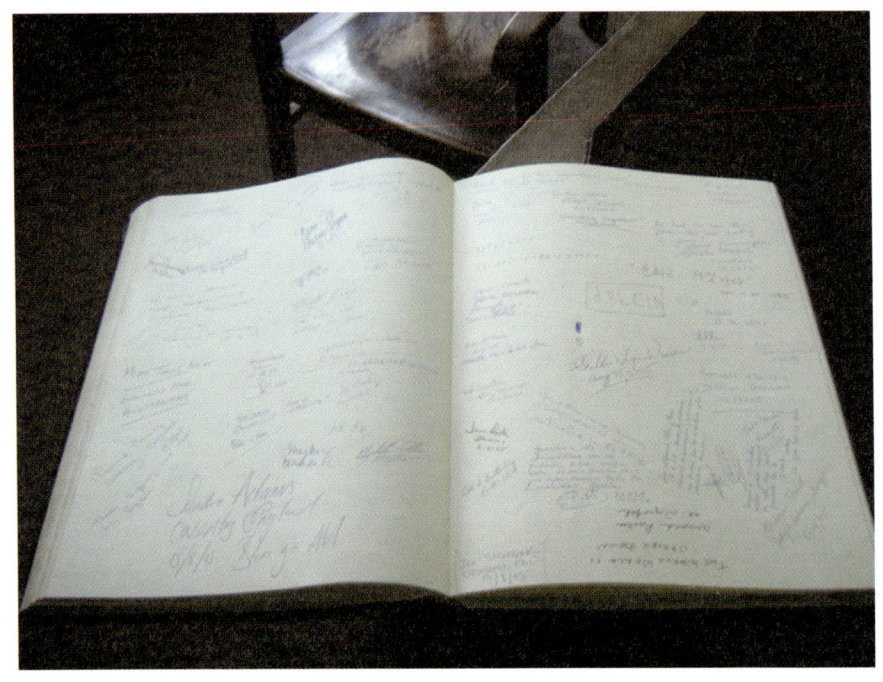

테오도르 아도르노의 말을 적어 넣었다. "전체는 거짓이다." 그렇다. 진실은 파편으로만 존재한다. 나는 한 집단의 구성원들이 한목소리로 맹렬히 외쳐대는 '진실'을 여전히 믿을 수 없다. 그게 내가 역사에서 간신히 배운 것이었다.

쉰들러가 마련했던 작은 피난처에서 나와서 택시를 타고 크라쿠프 시 동쪽 외곽 지역을 향했다. 더이상 누구의 선의도 닿을 수 없었던 곳, 크라쿠스 산기슭에 있던 플라초프 강세수용소의 흔적을 찾아서였다. 당시의 강제수용소 부지에는 현재 남아 있는 것이 전혀 없

어서, 〈쉰들러 리스트〉 제작진이 인근에 짓고 촬영했다는 세트를 찾아 나섰다.

정확히 어디인지를 쉽게 찾지 못해 온통 눈으로 뒤덮인 산자락을 헤매다가 길을 잃었다. 점점 거세지는 눈보라 속에서 방향을 잃고 헤매자니 점점 정신이 아득해졌다. 습기 많은 눈이 얼굴에 집요하게 달라붙었다. 이러다 큰일나지. 하지만 되돌아갈 수도 없었다.

사슴 발자국과 키 작은 가시나무, 곳곳에 삐죽삐죽 솟아 있는 추모 비석들을 발견한 뒤에도 한참 지나서야 세트를 찾아낼 수 있었다. 철망으로 둘레가 쳐진 그 넓은 세트에는 막사 몇 개만이 휑하니 놓여 있었다. 퍼붓는 눈 속의 광활한 세트 부지는 지극히 비현실적이었다. 산 아래로 꽤 큰 묘지가 아득하게 내려다 보였다. 줄을 맞춰 솟은 비석들 위에는 폭설이 내려 앉아, 올록볼록 온통 하얀 풍경은 섬뜩함을 느끼게 했다. 공포는 섬뜩한 것이기도 하지만 아득한 것이기도 하다.

반나절 동안 한 번도 마주치지 못했던 크라쿠프 사람들은 모두 마켓 스퀘어에 모여 있었다. 플라초프 수용소 세트에서 비척대며 내려와 간신히 택시를 잡아타고 도심으로 들어오자 전혀 다른 그림을 만났다. 다양한 물건들을 파는 노점상이 광장에 가득한 가운데 가족 단위로 나온 시민들이 왁자지껄 즐겁게 저물 녘 쇼핑을 즐겼다. 넉넉한 시골 장터의 모습이었다. 큰 웃음을 터뜨리는 폴란드 사람을 본 것은 그때가 처음이었다. 12월 21일. 그럴 법도 했다. 비극의 땅 크라쿠프에도 크리스마스를 기다리는 설렘은 있었다.

〈쉰들러 리스트〉에서 유대인들이 비밀리에 접선했던 성모 마리아 성당은 마켓 스퀘어를 압도하듯 치솟아 있었다. 유럽의 성당이라면 물리도록 봤지만, 크라쿠프의 성모 마리아 성당은 어디에도 뒤지지 않을 정도로 화려했다. 특히 양옆이 접히도록 만들어진 11미터 높이의 황금 제단의 휘황함은 정말 대단했다. 비극의 도시 크라쿠프에서 성당이 이렇게 화려해도 되는 것일까라는 이방인의 기계적인 의구심이 슬쩍 생겨날 정도였다.

건립된 지 600년이 지난 성모 마리아 성당을 나와 광장에서 모처럼 기분 좋게 서성이다가 성탄절 가장행렬을 만났다. 온통 '새하얗게' 악마로 분장한 여자에서 당나귀와 성자<sup>聖者</sup>의 모습을 한 남자까지, 가장행렬을 벌이는 사람들은 거의 대부분 노인들이었다. 카메라를 들이대고 몇 장 찍었더니 내 쪽을 향해 장난스럽게 쌀을 뿌렸다.

  행진을 마친 그들은 간이무대에 올라 음악을 연주하기 시작했다. 가끔씩 박자도 틀려가며 뿜빰거렸던 노인들의 브라스 음악은 하루 종일 추위와 외로움에 떨었던 나그네의 몸을 전통주 푼쉬<sup>Puncsh</sup>만큼

이나 따뜻하게 녹여주었다. 몇 번 깨긴 했지만, 적어도 그날 밤만큼은 나쁜 꿈을 꾸지 않았다.

이제 남은 것은 오슈비엥침 여행뿐이었다. 오슈비엥침은 독일어 이름인 아우슈비츠로 훨씬 더 잘 알려져 있는 도시다. 다음날 아침 크라쿠프를 벗어나 서쪽으로 한 시간가량 차를 타고 달려 오슈비엥침의 강제수용소에 도착했다. 제2차 세계대전 당시 오슈비엥침에는 '아우슈비츠'와 '비르케나우' 등 두 개의 강제수용소가 있었는데, 〈쉰들러 리스트〉의 후반부는 비르케나우를 무대로 삼았다.

아우슈비츠 수용소 철문 위에는 나치가 만들어놓은, "노동이 너희를 자유롭게 하리라"란 글귀가 쓰여 있었다. 학살하기 전에 등뼈가 휘는 강제노동을 시키고도 미사여구로 명분까지 늘어놓고야 마는 미친 권력의 자기확신에 분노가 치밀었다.

그 글귀 중 노동을 의미하는 단어 'ARBEIT'에서 'B'자는 아래의 반원이 위의 반원보다 작게 만들어져 균형을 잃은 모습이었다. 강제로 이 글귀를 만드는 일에 종사해야 했던 유대인들은 그렇게 함으로써 은밀하게 나치에 침을 뱉었다는 것이다. 생지옥의 한가운데서도

 어떤 이들은 소극적으로나마 저항함으로써 스스로의 존엄을 올려 세운다.
 수용소 건물 전체를 박물관으로 바꿔놓아 역사의 교훈을 정밀하게 부연 설명하는 아우슈비츠 수용소보다 훨씬 더 비극을 실감시켰던 것은 비르케나우 수용소였다. 그곳에는 아직까지 남아 있는 두 줄 철로가 '죽음의 문'으로 불렸던 수용소 정문 건물의 반원형 입구를 지나 내부로 이어지도록 되어 있었다.
 눈으로 뒤덮인 황량한 벌판 한가운데 거대하게 버티고 서서, 일직

선 철로를 삼킨 채 입을 벌리고 있는 '죽음의 아가리'를 바라보고 있자니 막막한 공포가 밀려왔다. 크라쿠프에서 실려 온 유대인들이 기차를 타고서 저 문을 지날 때 느꼈을 절망의 부피가 시야를 짓눌렀다.

 입구를 지나니 언덕 하나 없는 광활한 평지에 수없이 늘어선 막사와 굴뚝 터가 압도적이었다. 〈쉰들러 리스트〉를 보면서 '왜 영화 속 유대인들은 처형의 순간이 닥쳤을 때 아무런 저항도 하지 않고 순순히 죽음을 맞았을까' 하는 의문을 가졌던 사실이 부끄러워졌다. 그곳 비르케나우에는 주름 하나 없이 광막한 자신의 동토를 의기양양하게 내려다보았을 죽음의 시퍼런 눈앞에서 희망이 숨 쉴 수 있는 곳이 없었다.

 애초 52필의 말을 집어넣기 위해 만들었다는 막사마다 말 대신 사람 400명이 수용됐다. 여덟 명의 사람이 한 마리의 짐승만도 못한 삶을 이어가야 했던 것이다. 진정으로 끔찍한 것은 죽음이 아니다. 죽음 속에서 사는 것이다.

 아우슈비츠와 달리, 아무 전시물도 없는 막사들의 내부를 퀭한 눈으로 하나씩 둘러보다가, 구석에 놓인 꽃다발을 발견했다. 급우들과 함께 단체로 이곳을 방문한 어느 학생이 적어놓은 꽃다발 밑 메모지에는 이렇게 적혀 있었다. "이곳에서 느끼고 체험한 것을 세상에 알리는 게 우리의 도덕적 의무겠지요. 영원한 곳에서 우리의 기도가 여러분과 함께하길 기도합니다."

 삶에는 살아야 할 때와 증언해야 할 때가 있다고 말했던 것은 알

베르 카뮈였던가. 오슈비엥침을 방문하는 사람은 누구나 증언해야 하는 순간을 사명처럼 맞게 된다. 꼬리를 물고 이어지는 상념을 적어두려 필기구를 꺼냈지만 추위 때문에 글씨가 나오지 않았다. 오슈비엥침의 느낌은 수첩에 적는 게 아니라 마음에 새겨야 하는 것인지도 몰랐다.

비르케나우에서 크라쿠프로 돌아오는 밤길에 눈발이 더욱 거세졌다. 780번 도로가 얼어붙어 차가 끝없이 밀리는 가운데, 언덕길에서는 바퀴가 헛돌아 내려서 차를 손으로 밀기까지 했다.

지루해진 운전사가 틀어놓은 라디오에서 오래된 팝 음악이 계속 흘러나왔다. 그 노래 중에는 핑크 플로이드의 처연한 노래 〈당신이 여기 있으면 좋겠어Wish You Were Here〉가 있었다. 당신이 여기 있으면 좋겠어. 당신이 여기 있으면 좋겠어.

슬픈 말에는 주술적인 힘이 있다. 입 밖으로 내뱉은 슬픔은 부메랑이 되어 더 큰 슬픔을 몰고 귀환한다. 요동치는 역사에서 안온한 현재로 돌아오는 길의 끝이 보이지 않았다.

## :: 쉰들러 리스트 Schindler's List, 1993
### 감독 : 스티븐 스필버그    배우 : 리암 니슨, 벤 킹슬리, 레이프 파인즈

〈쉰들러 리스트〉는 제2차 세계대전 당시 수백만 명의 유태인이 학살된 '홀로코스트'를 다룬 가장 유명한 영화일 것이다. 〈인디아나 존스〉[1984], 〈E. T.〉[1982] 등 공상과학 영화나 흥행 대작으로 거대한 명성을 쌓았던 유대인 감독 스티븐 스필버그는 이 영화에서 이전과 전혀 다른 사실적인 톤으로 참극의 현장을 생생히 기록했다. 흑백으로 제작된 이 작품은 1994년 아카데미 시상식에서 작품상, 감독상 등 모두 7개 부문을 석권했다. 처음에는 유대인의 노동력을 이용한 돈벌이에만 관심 있었던 독일 사업가가 인간애에 눈뜨고 나서 유대인들을 구해내려 애쓰는 과정을 다뤘다.

# 이 차가운 별의 귀퉁이에서
### 〈티벳에서의 7년〉, 티베트

영화 〈티벳에서의 7년〉의 자취를 따라 방문한 티베트는 도착 무렵 내 환상을 충분히 충족시켜 주었다. 티베트 자치구의 수도 라싸에 착륙하기 전, 비행기 창문 밖으로 키 낮은 하늘이 시리도록 푸르게 펼쳐졌다.

대기를 유영하는 실구름은 때로는 옅게 퍼지며 실크 베일처럼 대지의 나신裸身을 가렸고, 때로는 봉화처럼 솟아올라 화사한 봄소식을 전했다. 코끼리 피부처럼 보이는 산이 끝도 없이 서로 이어지는 사이를 생명수로 흐르는 옥색 강줄기는 흡사 푸른 핏줄처럼 보였다. 공가 공항에서 내려 라싸까지 한 시간 넘게 차를 타고 들어가는 동안 보았던 티베트 사람들은 눈동자가 깊었다. 라싸는 하늘과 땅이 맞닿은 곳의 작은 틈새에 들꽃처럼 피어난 도시였다.

문제는 준비되지 못한 몸이었다. 라싸로 향하는 택시가 굽은 도로를 돌 때마다 천천히 가라는 교통표지판을 대신해 암벽에 붉은 페인트로 쓴 '慢'이란 글자가 선명하게 눈에 들어왔다. 그러나 서서히 눈앞이 뿌옇게 되는 나로서는 내내 60킬로미터 이하로 달리는 차가 원망스럽기만 했다.

호텔에 도착한 오후 1시, 여장을 풀자마자 침대에 쓰러졌다. 고산증이었다. 라싸는 해발 3,600미터의 고원 도시. 이제껏 내가 가본 가장 높은 곳이었으니 어쩌면 당연한 일이었는지도 몰랐다.

오후 4시 무렵 잠시 잠에서 깼다. 유리창을 통해 텅 빈 호텔 방 안으로 쏟아져 들어오는 강렬한 햇살. 어릴 적 휴일에 마루에서 낮잠을 자다가 깼을 때 가족들이 아무도 없는 것을 확인하는 순간에 찾아왔던 것과 같은 외로움과 두려움이 느껴졌다. 멍하니 앉아 있다가 다시 쓰러졌다.

몇 시간을 더 비몽사몽 헤매다가 비와 우박이 쏟아지는 소리에 겨우 눈을 떴다. 강우량이 현저히 적다는 라싸에서 이게 어찌된 일일까. 그러나 창문을 열고 내다보니 그것은 빗소리가 아니었다. 사람들이 쏘아 올리는 폭죽의 요란한 소음이었다. 짧게 툭 터지는 싸구려 폭죽 사이로 총총하게 뜬 별들이 보였다. 《모든 별들은 다 라싸에 뜬다》는 강석경의 소설 제목이 떠올랐다.

알고 보니 그날은 티베트력으로 섣달 그믐날이었다. 머리가 쪼개지는 것 같은 두통에 연이은 구토. 숨쉬기조차 힘들었지만 취재를 위해 여기까지 왔으니 안에 머물 수만은 없었다. "해결될 문제라면 걱정할 필요 없고, 해결 안 될 문제라면 걱정해도 소용없다"는 티베트 속담을 인상 깊게 기억하고 있었지만, 어쩔 수 없이 나는 채 3일이 안 되는 체류 기간에 어떻게든 티베트의 이미지를 손에 틀어쥐어야만 하는 속인(俗人)이었다. 간신히 카메라와 캠코더를 챙겨서 밖으로 나갔다.

거리는 남녀노소 가릴 것 없이 마구 쏘아대는 싸구려 폭죽으로 흡

사 시가전 같은 상황이었다. 아이들은 뛰어다니고 어른들은 손뼉을 쳤다. 저러다가 사람이 맞지. 되는 대로 10여 분 사진을 찍다가 힘에 부쳐 호텔로 발길을 돌리는 순간, 다리에 정통으로 폭죽을 맞았다. 비명을 지르자 주변에 서 있던 사람들이 웃음을 터뜨렸다. 너무 아파 주저앉고 싶었지만, 그러다가 또 무슨 일을 당할지 몰라 다리를 절룩거리며 숙소로 돌아왔다.

커다랗게 피멍이 든 부위를 문지르다가 도저히 앉아 있을 수가 없어 다시 침대로 쓰러졌다. 새벽 3시쯤 점점 심해지는 통증을 견디다 못해 기다시피 해서 호텔 로비로 내려갔다. 스무 살도 안 되어 보이는 직원에게 병원으로 연락해서 앰뷸런스가 오게 해달라고 부탁했지만 티베트력으로 1월 1일이라서 문을 연 병원이 없을 것이라는 대답만 들었다. 경찰에 전화해 달라고 했더니 '그런 일'로 경찰에 연락할 수는 없단다. 체크인 때 봐두었던 호텔 로비의 산소 호흡기라도 쓰게 해달라고 말했지만 담당 직원이 휴가를 떠났기에 사용법을 모른다는 답이 돌아왔다. 그러면서 뜨거운 차를 좀 마시며 아침까지 기다려보자고 한다. 거대한 벽 같은 무능력이었다.

결국 라싸로 오기 전에 비행기를 갈아탔던 중국 청두成都에서 잠깐 만난 안내인의 전화번호를 찾아내 연락했다. 1시간 30분 만에 앰뷸런스가 도착했다. 앰뷸런스를 몰고 온 병원 직원은 들것을 차 앞에 내려놓은 채 날 보고 걸어와서 누우라는 시늉을 했다. 황당했지만 말이 통하지 않아 현관으로부터 주차장까지 20여 미터를 간신히 걸어서 들것에 누웠다. 부축도 없었다.

병원에 도착하자마자 영어를 거의 하지 못하는 의사는 딱 두 마디를 물었다. "이름이 뭐냐"와 "돈 있냐"였다. 산소 마스크를 쓰고 응급실에 누운 지 5분이나 지났을까. 어떻게 연락을 받고 왔는지 공가 공항에서 라싸까지 차로 데려다주었던 운전사가 왔다. 그때부터 그와 의사는 5분 간격으로 세 번을 거듭 찾아와 돈부터 내라고 재촉했다. 처음에는 우리 돈으로 4만 원가량을 내라고 하더니 어느새 5만 원이라고 바꿔 말했다.

돈을 곧바로 내줄 수도 있었다. 그러나 그것은 고통에 몸부림치고 있는 인간에 대한 최소한의 예의 문제였다. 퇴원할 때 내겠다고 고집하자 급기야 의사는 내가 입고 있던 외투를 뒤지려 했다. 더 참지 못하고 남은 힘을 모아 "건드리지 말라"고 외쳤다. 의외의 반응에 깜짝 놀란 의사는 뭐가 나쁜 말을 퍼붓고 그 자리를 떴다.

여섯 시간의 응급 치료를 받고 퇴원하려고 보니 그 의사가 없었다. 당직 근무를 서고 있던 간호사에게 계산서를 끊어달라고 한 다음 직접 원무과로 가서 돈을 냈다. 내가 지불한 치료비는 2만 원이었다.

병원에서 나오니 약간 몸이 회복된 게 느껴졌다. "세계의 지붕. 아시아 한가운데 중세 요새처럼 우뚝 선 곳. 가장 높고 가장 고립된 나라"로 〈티벳에서의 7년〉에서 묘사된 곳. 이제라도 티베트 취재를 시작하기 위해서 '자전거 택시'를 타고 포탈라궁으로 갔다. 소위 '선진국'이 아닌 나라에서 사람의 힘을 동력으로 삼는 탈것에 오를 때면 늘 관광객으로서의 신기함과 인간적인 미안함이 교차한다.

어느 보행자가 위험하게 길을 건너자 자전거 택시 운전사가 거칠게 욕설을 내뱉는 것을 보면서 "아니, 티베트에서도!"라며 놀라다가 그렇게 느끼는 스스로에 뒤이어 더 놀랐다. 도대체 티베트 사람들에 대해 나는 어떤 환상을 덧씌워왔던 걸까. 티베트에 대해 느끼고 싶었던 것에 대해 티베트에 도착하기 오래전부터 이미 밑그림을 그려왔던 게 아닐까.

포탈라궁 앞에서 내려주면서 말이 전혀 통하지 않는 운전사는 땀

을 훔치는 제스처와 힘들어 기침을 하는 시늉을 과장되게 했다. 애초 중국 돈 5위안[650원] 정도로 흥정했지만 2위안을 더 얹어주었다. 늙은 운전사는 해맑은 웃음으로 거듭 감사를 표시했다.

　영화 〈티벳에서의 7년〉에서 수도 없이 나왔던 포탈라궁은 라싸의 상징 자체였다. 라싸 시내 한가운데 산자락에 홀로 우뚝 솟아 있는 포탈라 궁 앞에 서니, 아래는 희고 위는 붉은 그 건물이 초라한 여행자의 존재를 신성한 위엄으로 압도해 왔다. 8세기에 처음 세워졌다가 18세기에 중건한 이 궁은 역대 달라이 라마가 기거하며 정치와

종교의 중심지로 삼았던 곳이다.

고단한 육체를 기름진 영혼에 기꺼이 복속시키는 티베트에 왔기 때문일까. 관광객들이 차를 타고 쉽게 들어가는 뒤쪽 길 대신에 현지인들이 힘들게 올라가는 앞쪽 길을 택했다. 말 통하는 사람 하나 없는 상태에서 숨 쉴 때마다 느껴지는 통증만이 내 현존을 확인시키는 고행 같은 여행길에서, 몸이 아프자 오히려 더욱 스스로를 밀어붙이고 싶은 기이한 욕망이 솟았다. 어쩌면 이 여행에서 가장 중요한 것은 시간을 견디는 법을 배우는 일인지도 몰랐다.

포탈라궁에 이르기 위해서는 끊임없이 계단을 올라야 했다. 〈티벳에서의 7년〉에서 제2차 세계대전 중 연합군 포로수용소를 탈출해 티베트로 피신한 하인리히가 소년 달라이 라마를 만나기 위해 올랐던 그 많은 돌계단과 나무계단을 천천히 하나씩 밟았다. 야외든 실내든 가릴 것 없이 계단은 좁고 가팔랐다.

가족 단위로 포탈라궁에 온 정초의 티베트 사람들은 쇠약한 노인을 손잡고 업고 부축하면서 끝없이 올랐다. 솟아오른 세속의 땀은 영화 속에서 어린 달라이 라마가 망원경으로 세상을 내려다보았던 야외 테라스의 숭고한 햇볕과 성스러운 바람이 말리고 식혀주었다.

포탈라궁 내부에는 오래 묵은 세월의 냄새가 낮게 가라앉아 있었다. 제14대 달라이 라마는 중국의 탄압으로 티베트를 떠나 인도로 망명했지만, 영혼탑을 비롯한 역대 달라이 라마의 흔적들은 도처에 살아 있었다. 티베트 사람들은 어떤 장소에 들어서도 늘 시계 방향

으로 돌았다. 궁 곳곳을 돌며 참배하는 티베트 사람들 사이에서 '관광'을 한다는 것은 송구스러운 일이었다.

　궁을 벗어난 뒤 천천히 내리막길을 걸어 포탈라 광장 쪽으로 가니 수많은 걸인들이 다가왔다. 그렇게 속俗은 감출 수 없는 피로疲勞를 통해 성聖의 끝에 잇대어 있었다. 갖가지 전통의상으로 차려입은 티베트인들이 광장에서 신년을 맞아 기념 촬영을 했다. 티베트에서도 소녀들은 카메라폰으로 사진을 찍었다.

　라싸에 머물면서 깨달은 것은 무엇인가에 적응하기 위해서는 응당 고통의 삯을 지불해야 한다는 점이었다. 카메라와 수첩만 챙겨 넣었을 뿐인 배낭이 시간이 흐를수록 점점 더 무거워졌다. 광장에 도착한 후 기진맥진해져 눈에 들어오는 나무벤치 위에 아무렇게나 약한 육신을 부렸다. 졸도인 듯 오수午睡인 듯 한 시간을 누워 있다가 가까스로 몸을 일으켰다. 강렬한 햇살에 눈조차 제대로 뜨지 못할 때 한 소년이 다가왔다.

　몇 달은 빨지 않았을 옷을 걸치고 콧물을 줄줄 흘려가며, 소년은 나무 막대기에 두 줄 현을 스티로폼으로 고정시킨 악기를 연주했다. 그가 연주하는 음악은 매우 빠른 곡이었다. 마치 우리 앞을 미친 듯 흘러가는 세월처럼. 현을 퉁기는 일곱 살 남짓 소년은 일흔 살의 무표정으로 나를 뚫어져라 쳐다보았다.

　갑자기 주체할 수 없을 정도로 눈물이 쏟아졌다. 우리는 또 어떤 슬픈 인연의 사슬로 이 차가운 별의 한쪽 귀퉁이에서 이렇게 마주치

게 되었을까. 맥락 없는 눈물을 보고도 미동도 하지 않은 채 연주를 계속하던 소년은 내가 집히는 대로 지폐 한 장을 꺼내주자 곧바로 떠나갔다. 따가운 햇볕과 차가운 바람이 공존하는 세상 속으로.

   라싸에서 가장 오래된 건축물인 조캉사원은 티베트인들의 신앙에서 가장 강력한 영향력을 미치는 성소聖所이다. 설을 맞아 조캉 사원은 티베트 곳곳에서 몰려든 사람들로 북새통을 이뤘다. 사원 앞의 시장은 다양한 물건을 파는 행상들로 가득했다. 저울에 몸무게와 키를 재어주고 돈을 받는 사람까지 있었다. 붉은 승려복을 입은 스님

들도 시장 곳곳을 돌아다니며 물건을 구입했다. 자전거 택시들은 좁은 시장터를 요령껏 지나갔다. 조캉사원 앞 두 개의 돌 향로에서는 향초가 짙은 연기를 피워 올렸다. 티베트에서 종교는 곧 냄새고 공기였다.

사원 주위로 늘어선 1킬로미터 넘는 긴 줄 뒤에 섰다. 입장하기까지 두 시간 넘게 기다리는 동안 이방인은 끊임없이 시달렸다. 길고 긴 순례의 길에서 거칠게 등 떠밀릴 때마다 짜증이 나고 새치기 당할 때마다 기분 상했던 나는 부박한 '문명인'이었다.

조캉사원 주위에는 참배자만큼이나 많은 사람들이 구걸을 했다. 중년의 어느 걸인이 들어 올린 플라스틱 컵에 지나가던 아이가 콜라를 따라주는 모습이 보였다. 두 손으로 받은 걸인은 음복이라도 하듯 평온한 얼굴로 콜라를 마셨다. 가만히 살펴보니 예상과 달리 그들에게 돈을 주는 사람들은 관광객들이 아니었다. 줄을 선 참배객들은 적은 금액이지만 너나없이 그들에게 지폐를 줬고 걸인들은 당당히 받았다. 그것은 그 자체로 예배 의식의 일부 같았다.

구걸하는 사람도 적선하는 사람도, 표정은 하나같이 밝았다. 이 고통스러운 인생에서, 산소마저 부족한 삶에서, 도대체 행복은 무엇이고 종교는 무엇일까. 나는 티베트에서 무엇을 보고 싶었던 걸까. 불과 3일간의 여정 동안, 그것도 겨우 라싸 시내 서너 군데만 겉핥기로 얼쩡거리면서. 바람에 실려 온 향초의 재가 머리와 어깨에 고스란히 내려앉았다.

마침내 사원에 들어서자마자 온 정성을 다해 오체투지五體投地를 하는 사람들이 눈에 들어왔다. 몸의 다섯 부위를 땅에 붙이며 절을 한다고 해서 그렇게 불리는 오체투지는 장터와 차도를 가리지 않고 라싸 곳곳에서 볼 수 있었다. 하지만 티베트인이라면 일생에 한 번 이상은 반드시 참배한다는 조캉사원 앞에서는 그 의미가 한층 달랐다.

그들이 온몸을 던져 절을 올릴 때마다 몸과 손에 댄 나무판에서 사각사각 바닥 쓸리는 소리가 났다. 진정 성스러운 소음이었다. 〈티벳에서의 7년〉에서 "티베트 사람들은 힘들게 도달할수록 좀더 깨끗

하게 정화된다고 믿는다"는 대사가 흘러나왔던 기억이 났다.

가족끼리 업고 부축하며 이곳을 찾은 티베트인들은 이 사원의 핵심인 석가모니 금동상 앞에 이를 때까지 사원 곳곳에 지폐를 붙여가며 경배를 올리고 또 올렸다. 달라이 라마 앞에서 "종교는 아편"이라고 거침없이 말하며 성스러운 만다라 문양을 짓밟았던 영화 속 중국 군인들이 떠올랐다. 복잡다기한 사람들의 삶 속에서, 이성의 이름으로 그렇게 확언하는 것은 얼마나 쉬운 일인가.

참배를 마치고 사원의 후문을 나서는 사람들 앞으로 바닥에 몸을 붙인 노곤한 육체들이 수없이 손을 뻗어왔다. 여정을 마친 순례자들은 남은 지폐를 아낌없이 그들에게 나누어줬다. 그들은 경건했다. 그리고 참담했다.

머리가 빠개지듯 아팠다. 온몸이 부서질 것 같았다. 천근만근 무거운 몸을 이끌고 호텔 방으로 돌아오자마자 다시 쓰러졌다. 준비되지 않은 여행자는 3일이 지나도 티베트에 적응하지 못했다. 이 순간만큼은 어떤 신보다도 강한 수마睡魔가 덮쳤다. 죽음보다 깊은 잠이었다.

공항으로 가기 위해 호텔 앞에서 택시를 기다렸다. 옆에 여자 셋이 서 있었다. 다가가 티베트 여행이 어땠냐고 물었다. 가능한 모든 감탄사와 함께 "아름답고 성스럽다"는 말이 반복해 쏟아졌.

칠레에서 온 그들은 고산병 때문에 제대로 티베트를 둘러보지 못했다는 내 이야기를 듣고 너무나 안타까워했다. 그중 한 사람이 "언젠가 다시 티베트에 올 거냐"고 묻기에 "솔직히 나도 잘 모르겠다"고 대답했다. 그러자 가방을 뒤져 고산병 예방에 효과가 있다는 자신의 이뇨제 포장 상자를 내 손에 직접 쥐어주었다. "이거 처방 받아서 다음번에 꼭 오세요. 당신은 티베트를 반드시 다시 봐야 해요." 나는 다시 티베트에 올 수 있을까. 그때는 티베트가 나를 반겨줄까. 아니, 그때는 내가 티베트를 온전히 받아들일 수 있을 만큼 준비가 되어 있을까.

취재는 부실했다. 이 여행기 역시 허우적거리기만 했을 뿐 티베트에 끝내 닿지 못했던 나그네의 실패 기록이 될 것이다. 하인리히가 7년을 머물고도 완전히 이해할 수 없었던 티베트에 겨우 70시간을 머물렀던 나는 결국 티베트의 깊은 속내에 눈 한 번 맞추지 못했다.

택시에 올라타 공항으로 갈 때, 3일 내내 괴롭히던 그 모든 통증이 서서히 사라지는 것을 느꼈다. 간신히 적응된 순간 나는 티베트를 떠나야 했다. 어쩌면 사람살이의 모든 일이 그런 것인지도 몰랐다.

:: **티벳에서의 7년** Seven Years in Tibet, 1997
　감독 : 장 자크 아노　배우 : 브래드 피트, B. D. 웡, 다니 덴종파

　　제2차 세계대전 말기 수용소를 탈출해 티베트에 들어간 오스트리아 산악인 하인리히 하러의 실화를 담았다. 이 영화에서 하인리히는 티베트의 라싸에 머물면서 소년인 14대 달라이 라마에게 문명을 가르치다가 그로부터 숭고한 정신을 배운다. 공산정권 수립 후 침략한 중국에 맞서 티베트가 힘겨운 전쟁을 벌이는 과정도 영화 속에 상세히 묘사되고 있다. 프랑스 감독 장 자크 아노가 중국의 허가를 받지 않은 채 비밀리에 촬영팀을 꾸려 찍은 티베트의 갖가지 풍경이 영화 전체에 20분가량 담겼다. 이 영화 개봉 후 주연 배우 브래드 피트는 중국 입국이 금지됐다.

## 어떤 이들은 그저 슬픔을 타고난다
### 장국영을 기억하다, 홍콩

3박 4일 동안 홍콩을 여행하는 방법은 수십 가지일 것이다. 취향에 따라 2005년에 개장한 홍콩 디즈니랜드에 집중할 수도 있고, 주룽九龍 반도와 홍콩 섬을 오가며 유람선 투어를 할 수도 있으며, 센트럴이나 침사추이 지역에서 쇼핑에 전력을 기울일 수도 있을 것이다.

하지만 나는 장국영의 자취를 밟아보기로 했다. 그가 세상을 떠난 4월 1일을 며칠 앞두었을 때였다. 당초 홍콩으로 떠나기 전에는 진가신 감독의 〈첨밀밀〉[1996]을 테마로 삼아 여행하려고 작정했다. 그러나 홍콩 책랍콕 공항에 내려 구내서점에 진열된 책에서 장국영의 얼굴을 보는 순간, 몇 해 전 만우절에 그가 투신자살했다는 거짓말 같은 비보를 들었을 때의 충격이 생생히 되살아났다. 이미 떠난 그를 아직 마음에서 떠나보내지 못하고 있는 사람들에게 몇 년의 세월은 그리 긴 시간이 아니었다. 그러니 홍콩에 도착한 뒤 여행 테마를 바꾸게 되었다고 해도 그리 무리한 일은 아닐 것이다.

공항을 떠나 숙소에 도착한 것은 오후 3시. 여장을 풀고 곧바로 밖으로 나섰다. 장국영의 흔적이 적잖이 남아 있는 빅토리아 피크에 제일 처음 가려고 했지만, 해질 무렵에 방문하는 게 좋다는 호텔 직원의 충고를 듣고 다른 곳에 먼저 들르기로 했다. 원래 계획대로라면 제일 먼저 찾아가볼 곳으로 정해두었던 장소가 바로 〈첨밀밀〉에

등장했던 할리우드 로드였기에 그곳으로 향했다.

홍콩의 첫인상은 무척 좁다는 느낌이었다. 택시에서 내려 수십 층 높이의 고층 아파트들 사이에 있는 할리우드 로드 근처의 좁은 길에 서자, 흡사 폐소공포증이라도 생길 것 같은 기분이 됐다. 건물들은 하늘을 찌를 듯 하나같이 높은 데 비해, 차도는 좁고 인도는 더 좁았다. 그리고 사람들은 넘치듯 흘러 다녔다.

점심을 먹지 못해 뒤늦게 골목길의 허름한 국수 가게로 들어갔다. 제대로 읽지도 못하는 메뉴판을 한참 들여다보다가 소고기 국수이겠거니 지레 짐작을 하고 '우남면'을 손으로 가리켜 주문했다. 반바지에 러닝셔츠 하나만 걸친 주인 남자는 손님이 무슨 말을 하든 꼭 한 번씩 더 그 말을 복창했다. 주인 남자가 금세 들고 나온 국수는 입에 잘 맞지는 않았지만, 그런대로 허기를 채우기에 부족함이 없었다.

식당을 나서 골목길을 내려오다가 어느 초등학교 교문 앞에서 100명도 넘는 여자들이 아이들 하교 시간을 기다리고 있는 모습을 보았다. 대부분은 필리핀 여자들이었다. 홍콩 가정에서 가정부 생활을 하는 그들이 부모 대신 아이들을 데리러 온 것이었다.

홍콩을 며칠간 여행하는 동안 어디서나 필리핀 여자들을 발견할 수 있었다. 특히 주말이 되면 공원 잔디밭이든 고가도로 기둥 밑이든 가리지 않고, 그늘이 있는 곳마다 필리핀 여자들이 수십 명씩 모여 앉았다. 맞벌이 하는 홍콩인 부부가 주말에는 집에 있기에, 갈 곳이 마땅찮은 필리핀 가정부들은 삼삼오오 함께 모여 그렇게 시간을 보냈다. 안쓰럽기도 하고 기이하기도 한 홍콩의 풍경이었다.

 할리우드 로드는 서울의 인사동처럼 골동품을 파는 가게들이 늘어서 있는 거리였다. 할리우드 로드와 그곳에 인접해 있는 캣 스트리트의 상인들은 석기 시대의 돌칼과 명나라 엽전에서 이소룡이 그려진 딱지까지, 오래된 것이면 무엇이든 팔았다. 〈첨밀밀〉의 진가신 감독은 극중에서 중국 본토 출신으로 나오는 여명과 장만옥이 홍콩에서 이방인임을 강조하기 위해서 이국적인 정취를 풍기는 이곳을 촬영지로 선택했다고 말한 바 있다.

 할리우드 로드 한가운데 있는 만모우 사원은 관우나 판관 포청천 등을 모신 홍콩 최고最古의 도교 사원이었다. 그리 넓지 않은 사원 건물은 불을 붙인 길쭉한 선향을 이마에 대고 절을 하는 사람들로 가득했다. 무척이나 인상적이었던 것은 천장에 가득 매달려 있었던 나선형의 커다란 향들이었다. 불을 붙이면 나흘 동안이나 지속된다는 향불이 시계 방향으로 타들어가면서 짙은 향내를 뿜어내고 있었다. 떨어진 향 가루들이 바닥 곳곳에 눈처럼 쌓여 있었다. 바닥을 뒹구는 냄새의 가루들이라니. 분향을 마친 사람들이 사원을 나가면서 각각 세 번씩 치도록 되어 있는 종과 북소리가 끊임없이 울렸다.

 향내에 전 몸으로 장국영을 찾아 나섰다. 5시를 조금 넘긴 시각. 급경사의 트램을 타고 타이펑 산 정상의 빅토리아 피크로 갔다. 최고의 야경을 볼 수 있는 곳으로 정평이 난 장소였지만, 쌀쌀하고 흐린 봄날 오후에 내려다보는 홍콩의 빌딩 숲은 음울했다. 고층의 문

명뿐만 아니라 바다도 하늘도 온통 잿빛이었다. 전망대 역할을 하는 피크 타워는 공사중이었고 그 건물에 들어서 있는 '마담 투소 밀랍인형 박물관'도 휴관중이었다. 대도시마다 존재하는 밀랍인형 박물관을 늘 시큰둥하게 지나치고는 했지만, 사실 그곳만큼은 꼭 들르고 싶었기에 안타까웠다. 거기에는 〈패왕별희〉[1993]에서 경극 배우의 분장과 복장을 한 장국영이 전시되어 있다고 들었기 때문이었다.

〈패왕별희〉는 장국영이 최고의 연기를 보여준 작품 중 하나였을 뿐만 아니라, 동성애자인지의 여부를 놓고 숱한 소문을 양산했던 그의 내밀한 속내가 녹아 있는 영화였다. 그는 그 작품에서 어릴 적부터 경극 배우 교육을 받으며 함께 자란 샬루를 사랑하게 된 동성애자 데이 역을 맡았으니까. 어두컴컴한 실내의 유리관 속에서, 햇살이 비치면 녹아버릴 밀랍으로 남은 모습은 그의 삶 자체를 우울하게 요약할 것이다.

해가 지고 나자 을씨년스럽던 빅토리아 피크에도 화려한 기운이 감돌았다. 〈금지옥엽〉[1994]의 주요 촬영지였던 레스토랑 '카페 데코'에서 내려다보이는 야경은 더할 바 없이 화려했다. 이곳은 실제로 장국영이 매염방과 함께 자주 찾았던 식당이기도 했다. 카페 데코의 주방은 손님이 요리 과정을 그대로 바라볼 수 있게 열려 있는 구조였다. 낭만적인 촛불로 장식한 테이블마다 연인들이 앉아 있었다. 장국영에 대한 추억을 곱씹는 여행객을 제외하고는, 평일 저녁인데도 넓은 실내에 가득 들어찬 손님들 모두가 즐거워했다.

〈금지옥엽〉에서 성공한 작곡가로 나오는 장국영은 가수가 되기 위해서 남장을 한 원영의와 성정체성의 혼돈을 느끼면서도 사랑에 빠져드는 코믹 멜로 연기를 했다. 사실 장국영은 〈금지옥엽〉뿐만 아니라 〈동성서취〉1993, 〈금옥만당〉1994을 비롯해 꽤 많은 영화에서 코미디 연기를 했다. 그러나 장국영이 가장 강렬한 매력을 발휘한 것은, 〈아비정전〉1990에서 유작이 된 〈이도공간〉2000까지, 특유의 자기파괴적인 인물들을 연기할 때였다.

지금 팬들이 가장 또렷하게 기억하는 것은 아마도, 그토록 보고 싶

어떤 이들은 그저 슬픔을 타고난다 · 255

던 어머니를 뒤에 두고서도 돌아보지 않으려고 이를 악문 채 뜰을 성큼성큼 걸어 나오던 뒷모습(《아비정전》)이거나, 공중전화 부스에서 죽어가며 아내와 마지막 통화를 할 때의 떨리던 목소리(《영웅본색 2》), 혹은 현실과 환상을 구분하지 못한 채 멍하니 허공을 응시하던 퀭한 눈빛(《이도공간》)일 것이다. 어떤 사람들은 그저 슬픔을 타고난다. 아무리 스포트라이트가 강렬해도 몸속 깊숙이 허무와 고독을 숨긴 그들의 코트를 벗기지는 못한다.

다음날, 택시를 타고 장국영이 마지막까지 살았던 집을 찾아 헤맸

다. 운전사는 내가 장국영에 대해 물어보자 대뜸 "갑자기 미쳤는지 빌딩에서 뛰어내렸죠"라고 함부로 말했다. 그러고는 스스로 괜히 미안했던지 "어쨌든 참으로 특별한 사람"이라고 덧붙였다. 그의 집은 인적이 드문 고급 주택 단지 그랜트 빌라의 한가운데인 32A호였다. 이 빌라가 들어서 있는 카두리 애버뉴 골목 어귀에는 외부인의 출입을 통제하는 초소까지 있었다. 깨끗하고 조용한 카두리 애버뉴는 미국 로스앤젤레스의 부촌 베벌리힐스를 떠올리게 하는 모습이었다. 적어도 이곳만큼은 전혀 비좁은 홍콩이 아니었다.

카두리 애버뉴에서 5분만 내려오면 소란스러운 홍콩에서도 시끄럽기로 유명한 몽콕의 재래시장이었다. 번잡하게 출렁대는 삶과 적막하게 고인 죽음이 그렇게 언덕 하나를 사이에 두고 어깨를 겯고 있었다.

죽을 때에야 땅에 내려앉아 고단한 몸을 쉴 수 있는 발 없는 새. 캐슬 로드는 장국영을 생각하면 저절로 떠오르는 단 하나의 영화 〈아비정전〉의 촬영지다. 캐슬 로드를 찾으려고 센트럴 지역 주택가 언덕길을 헤매다가 800미터 길이의 세계 최장 옥외 에스컬레이터를 타게 됐다. 급경사인 언덕의 주택가에 사는 사람들을 위해 20여 개의 외줄 에스컬레이터를 연결해 놓은 '힐사이드 에스컬레이터'는 오전 10시 20분을 기준으로 아침에는 내려가고 이후에는 올라가도록 운행되고 있었다.

오후에 에스컬레이터를 갈아타 가면서 언덕길을 올라가다가 문득 이런 생각이 들었다. 아침에 출근하기 위해 내려가는 사람이 더 많다고 해서, 에스컬레이터 운행 방향을 아래로 향하게 하는 게 과연 온당한 일일까. 언덕길을 올라가는 사람의 고통이 내려가는 사람의 수고보다 훨씬 더 클 수밖에 없는데, '고통의 양'이 '고통의 질'보다 중요하다고 누가 말할 수 있을까. 소수의 큰 고통을 덜어주는 게 다수의 작은 불편을 해소해 주는 것보다 더 중요한 일이 아닐까.

　에스컬레이터 끝에 놓인 캐슬 로드에서는 높은 돌담들 외에 영화의 흔적을 발견하기가 쉽지 않았다. 길 끝에 "End 終止"라고 쓰인 표지판이 서로 등만 바라봤던 〈아비정전〉의 사랑에 마침표를 찍듯 놓

여 있을 뿐이었다.

프린지 하우스는 양조위가 주연한 영화 〈상성 : 상처받은 도시〉[2006]의 오프닝 장면에도 등장했던 젊은이의 거리 란콰이퐁 인근에 있었다. 〈금지옥엽〉에서 예비 가수들의 오디션 장면을 찍은 이 건물의 1층 갤러리에서는 저명한 경제학자이기도 하다는 미얀마 화가 키에 민 트 쏘의 그림들을 전시하고 있었다. 시장에서 꽃을 파는 여인을 그린 작품을 위시해 주로 미얀마인들의 일상을 그린 유화들이었다. 〈금지옥엽〉에서 오디션 응시자들의 대기 장소로 나왔던 계단을 지나 옥상으로 가니 예쁘장한 옥외 카페가 나왔다.

그리 크지 않은 2층 건물인 프린지 하우스였지만 갤러리가 모두 네 개나 됐다. 옥외 카페에서 커피를 마신 뒤 아래층으로 가는 통로에 마련된 전시실에 잠시 머물렀다. 그곳에서는 '하늘의 불'이라는 제목이 붙은 사진전이 열리고 있었다. 주로 파랗게만 상상되는 하늘이 사진 작품들 속에서 참으로 다양한 빛깔을 띠며 눈길을 끌었다. 홍콩에 체류하는 4일 동안 단 한 번도 흐리지 않은 하늘을 볼 수 없었지만, 사진 속 홍콩의 하늘은 눈이 호사스러울 정도로 다채로웠다. 어쩌면 현실의 장국영과 영화 속 장국영의 모습 사이에도 그만큼이나 큰 차이가 존재했는지도 모른다.

장국영이 1인 2역을 했던 멜로 영화 〈성월동화〉[1999]에 인상적으로 등장했던 홍콩 섬 남쪽의 리펄스 베이에 잠시 들러 바닷가를 거닐었다. 그리 크지는 않았지만 가늘고 고운 모래사장이 인상적인 고급스러운 해변이었다. 풍수지리설에 따라 뒷산에 서린 기(氣)의 흐름을 막지 않기 위해 건물 한가운데를 크게 뚫어놓은 최고급 아파트 '리펄스 베이 맨션'의 독특한 모습이 해변에서 인상적으로 올려다 보였다.

내친김에 해가 저물 무렵, 침사추이 지역의 남쪽 바닷가에 있는 '스타의 거리'로 갔다. 홍콩 영화인 73명의 이름과 손바닥 도장을 새긴 동판 73개를 줄줄이 깔아놓은 그 거리에서 장국영의 자리는 유덕화와 주윤발 사이에 있었다. 그가 죽고 난 뒤 1년이 지나 이 거리가 조성되었기 때문에 장국영은 손도장 하나 없이 별과 함께 새긴 이름으로만 남아 있었다.

수많은 스타들의 흔적이 새겨진 바닥을 쳐다보며 지나다니던 사람들은 장국영이란 이름 곁을 무심히 지나쳤다. 일본 관광객을 몰고 온 가이드가 그 앞에서 "이게 바로 고층 호텔에서 투신자살했던 장국영의 자리입니다"라고 대단한 구경거리라도 되는 듯 외쳤지만, 팔짱조차 풀지 않은 채 내려다보던 사람들은 곧 심드렁한 표정으로 주윤발의 손도장을 보러 갔다.

홍콩의 중심가를 걸어서 돌아다닐 방문객들을 위해 도보 여행 루트를 그려놓은 안내책자에 스타의 거리는 '8분 소요'라고 적혀 있었다. 8분 만에 훑어야 할 그 '관광지'에서 장국영이란 이름은 그저 몇 초의 시선만 주면 충분한 '볼거리'였다.

장국영이 한 개의 별로만 쓸쓸히 남아 있는 바닥 사진을 찍고 있을 때, 노천카페에서 베트 미들러의 노래 〈내 날개 아래로 부는 바람

　Wind Beneath My Wings〉가 흘러나왔다. "당신은 내 날개 아래로 부는 바람"이라고 거듭 읊조리는 그 곡의 가사는 "홀로 있기 위해 이름을 가리고, 고통을 숨기기 위해 환하게 미소 짓는 사람이여"라는 부분으로 이어지고 있었다. 번잡한 거리를 스쳐가는 사람들 틈바구니에서 듣고 있자니, 흡사 그 노랫말이 장국영을 위해 지어진 것처럼 여겨졌다.

　셋째 날 아침. 홍콩 섬의 완차이 근처에 있는 숙소 주변을 산책하다가 우연히 고층 건물들 사이의 산비탈에서 무슬림들의 공동묘지

를 보았다. 영화 〈중경삼림〉[1994]에 나왔던 중경 빌딩 뒤의 좁고 구불구불한 뒷골목에서나 잠시 보았을 뿐인 아랍인들의 공동묘지가 홍콩에 있다니. 이역만리에서 살다가 생을 마친 홍콩 무슬림들의 묘비에는 한자 이름과 아랍어 이름이 함께 적혀 있었다.

하지만 진정한 이방인은 피부색이 다른 타인종이 아니라, 고향에서조차 정주定住할 수 없는 영혼의 유목민을 뜻한다. 절정의 인기를 누릴 때 은퇴를 선언하고 홀연히 캐나다로 이민을 떠나기까지 했던 '발 없는 새' 장국영이야말로 그런 사람이었을지도 모른다.

점심을 먹기 전에 잠시 짬을 내어 '눈 데이 건Noon Day Gun'을 찾아갔다. 코즈웨이 베이 지역의 빅토리아 파크 로드에서 벌어지는 그 이벤트를 보러 가는 길은 여간 복잡한 게 아니었다. 호텔 지하 주차장과 좁은 터널까지 구불구불 이어지는 그 길은 나처럼 길눈 어두운 사람들을 몇 번이나 돌려세웠다.

목적지에 도착하니 매일 낮 정각 12시에 바다를 향해 예포 쏘는 모습을 눈으로 확인하려고 이미 수십 명의 관광객들이 기다리고 있었다. 발사 3분 전이 되자 자주 시계를 확인하던 제복 차림의 나이 지긋한 사수는 1분 전부터는 아예 계속 시곗바늘을 들여다보고 있었다. 그러다 종을 여섯 차례 울리고서 정확한 동작으로 예포를 쏘았다. 대포 소리는 생각보다 훨씬 컸다. 발사 직후 긴장이 풀어진 관광객들이 탄성 같은 안도의 웃음소리를 일제히 터뜨렸다. 엄청나게 큰 대포 소리가 이명耳鳴으로 귓가에 오래도록 머물렀다.

발사는 단 한 번이었다. 그곳을 찾아가는 길이 무척이나 복잡했고, 기다리는 시간이 그토록 긴장됐던 것을 감안하면 그 순간이 너무 짧아 허무하기까지 했다. 그게 하늘의 별이든 누군가의 삶이든, 폭발은 언제나 찰나다. 하지만 폭발의 잔상과 이명은 종종 예상보다 훨씬 더 길고, 잔해는 다른 별이나 삶의 주위를 오래도록 떠돈다.

전화를 세 차례나 거듭한 끝에, 장국영이 그의 생애 마지막 식사를 한 레스토랑을 찾아냈다. 코즈웨이 베이 지역의 '퓨전'. 끝내 세상과 몸을 섞지 못했던 사내가 최후의 시간을 보낸 식당 이름이 '융합'이나 '통합'을 뜻하는 'Fusion'이었다는 것은 아이러니로 경험되는 삶의 심술이었다.

모던하고 우아한 장식의 이 고급 레스토랑의 테이블에는 붉은색 식탁보가 씌워져 있었다. 자리에 앉아 메뉴를 훑어보다가 웨이트리스에게 장국영이 마지막에 먹은 음식이 뭐냐고 물었다. 그녀는 장국영이 평소에는 프라임 립이나 스파게티 봉골레를 즐겨 먹었지만, 그날만큼은 다른 음식을 원했다고 말했다. 시저스 샐러드와 시푸드 수프를 곁들인 등심 스테이크. 그대로 주문했다. 레드와인 소스로 맛을 낸 그 요리는 홍콩에서 내가 경험한 최고의 맛이었다.

몇 시간 뒤의 죽음을 예감하고 단골 레스토랑에서 이렇게 맛있는 음식을 입에 넣을 때 그는 무슨 생각을 했을까. 그 식당의 스푼과 포크 그리고 나이프는 유달리 장식적이고 무거웠다. 마치 장국영의 삶처럼.

이제 그곳에 가야 했다. 그가 24층에서 뛰어내렸던 만다린 오리엔

탈 호텔에 들르지 않고 이 여정을 끝낼 수는 없지 않은가. 〈아비정전〉에서 장국영은 열차 안에서 죽어가며 유덕화에게 말을 건넨다. "죽을 때 무엇이 보이는지 항상 궁금했어. 나는 눈을 뜨고 죽을 거야." 고소공포증이 있었던 그는 24층에서 바닥을 향해 몸을 던질 때 과연 무엇을 보았을까.

홍콩 최대 번화가인 센트럴의 마천루 한 축을 이루고 있는 그 호텔은 공교롭게도 영업을 중지한 채 모든 출입구를 막고서 보수 공사를 벌이고 있었다. 건물 주위에 빙 둘러 쳐놓은 공사용 그물이 꼭 자살

을 막기 위한 장치처럼 보였다. 이 건물이 지어진 해는 1960년. 우연찮게도 그 호텔은 장국영이 세상에 머물다 간 햇수와 꼭 같은 46년 만에 전면적으로 보수 공사를 하고 있었다. 마담 투소 밀랍인형 박물관에서 만다린 오리엔탈 호텔까지, 장국영과 관련된 장소들은 묘하게도 공사를 벌이고 있는 곳이 많았다. 어느 불행한 사람과의 비극적인 인연을 애써 떨쳐버리기라도 하려는 듯.

건물 앞 분수대는 작동을 멈춘 채 맨바닥을 드러내고 있었다. 멀리 내다보이는 바다는 내내 흐린 하늘에 젖어 호수처럼 음울하게 고여 있었다. 호텔 앞에 조성된 황후상 광장에서는 중년 여성들이 강사의 지도에 따라 천천히 태극권 동작을 따라 했다. 버스 정류장에는 귀가를 서두르는 시민들이 길게 줄을 섰다. 다른 날과 다를 바 없는 하루였고, 평화로운 저녁이었다.

빌어먹을. 3년은 충분히 긴 시간이었다. 세상은 마흔여섯에 허무한 생을 마쳤던 사내를 이미 잊었다. 폐소공포증을 일으킬 정도로 좁고 빽빽한 이 도시에서 날아오를 곳을 찾지 못했던 그는 결국 뛰어내리는 방법을 택했다. 투신 후에도 그의 체취는 그가 살던 세상을 떠나지 못한 채 유령처럼 배회하고 있었지만, 사람들은 오래전에 이미 그를 떠나보냈다.

광장을 떠나려다 시계를 보고 멍하니 서서 5분을 더 머무른 뒤에야 바다를 향해 걸음을 뗐다. 6시 41분. 하루가 막 끝나가려는 순간. 그건 장국영이 이 번잡한 무대에서 퇴장한 시각이었다.

## 깊을수록 고독한, 섬

〈베니스에서 죽다〉, 베니스

어쩌면 이 여행기는 같은 자리를 네 차례 맴돌다가 흔적 없이 소멸되는 글이 되지 않을까.

**물**

물이 길을 만들었다. 10여 년 전 베니스를 처음 봤을 때는 세상에 이런 곳이 있나 싶었다. 날렵한 곤돌라가 누비는 좁은 수로마다 너무 로맨틱해서 비현실적으로까지 느껴지는 낭만이 장밋빛 등불을 달고 동동 떠다녔다.

비잔틴의 관능과 고딕의 이성이 공존하는 이국의 도시. 그러나 베니스 방문이 다섯 번째였던 그날 오후는 달랐다. 영화 〈베니스에서 죽다〉에서 바다를 향해 뻗은 손으로부터 힘이 서서히 빠지면서 고개를 떨어뜨리고 죽은 작곡가 아셴바흐의 자취를 좇아온 여행이기 때문이었을까.

가끔씩 내리는 비에 베니스는 음울하게 젖어 있었다. 배를 타고 숙소로 가는 길, 짙은 녹색의 아드리아 해는 이제 막 응고된 푸딩 같았다. 배는 푸딩을 으깨듯 힘겹게 물 위를 지났다.

베니스에 쉬러 왔던 아셴바흐는 비굴하거나 불친절한 베니스 사람들에 질릴 때쯤 열네 살 폴란드 소년 타치오를 발견한다. 가족과

함께 휴가를 즐기러 온 타치오는 완벽한 아름다움으로 아센바흐의 마음을 사로잡는다.

타치오를 찾지 못해 베니스의 좁은 골목 어딘가에서 쪼그리고 앉아 울먹이는 꿈을 꾸던 아센바흐는 잠에서 깨어 식은땀을 흘린다. 그의 땀은 검은색이다. 소년의 빛나는 젊음을 의식한 초로의 이 신사가 이발소에 가서 머리를 검게 염색했기 때문이다.

신사는 종종 바다를 바라보지만 갈피를 잡지 못한다. 어느 항구로 가고 있는지 모를 때는 어떤 바람도 순풍이 되지 못한다. 빈 하늘을 어지럽게 떠도는, 새.

### 새

새들의 세상이었다. 베니스의 상징인 산마르코 광장은 언제 가도 비둘기 천지였다. 도시 전체를 집어삼킬 듯 번져가는 전염병의 정체를 알아내기 위해 아센바흐가 가로지르던 광장을 천천히 거닐 때, 노천카페의 악단이 영화 〈모베터 블루스〉[1990]의 테마곡을 멋지게 연주했다. 비둘기들이 힘차게 공기를 가르며 관악기가 쏟아내는 음표 사이를 저공비행할 때마다, 아이들의 즐거운 비명도 하늘로 솟아올랐.

새의 날갯짓과 아이의 웃음소리와 브라스 밴드의 심장을 울리는 음악. 그리고 저 멀리 바다에 떠 있는 곤돌라 위의 연인들. 이보다 더 낭만적인 풍경이 있을까.

그러나 춤을 추고 있는 사람 모두가 즐겁지는 않은 법. 광장 구석에

우두커니 서서 누군가를 기다리는 듯한 노인이 비둘기가 주위에 날아오를 때마다 얼굴을 찡그리며 손을 내젓는 모습이 눈에 들어왔다.

그러고 보니 손과 어깨와 머리 위 어디에나 주저하지 않고 내려앉는 새들은 더없이 이악스러웠다. 비둘기들은 관광객들이 1유로짜리 모이를 사서 채 펼치기도 전에 달려들었다. 받은 팁만큼 음악을 뽑아낸 브라스 밴드는 악기를 내려놓았고, 잠깐의 낭만을 선사한 대가로 곤돌라 사공은 웃돈을 요구했다. 그리고 모든 게 무뎌진 노안老眼에, 아이들은 유난스러웠다.

부둣가로 걸어 나오니 〈베니스에서 죽다〉의 첫 장면에 등장한 '산

타 마리아 델라 살루테' 성당이 보였다. 소설가 헨리 제임스가 응접실 입구에 서 있는 아름다운 여인 같다고 찬사를 바쳤던 그 건물은 유럽을 휩쓴 페스트 대재앙이 끝난 데 대한 감사의 마음으로 1630년에 베니스 사람들이 신에게 바친 봉헌물이었다.

전염병이 도시를 휩쓸기 시작하는 가운데 벌어지는 이야기를 다룬 영화의 시작이 역설적이게도 산타 마리아 델라 살루테라니. 어쩌면 〈베니스에서 죽다〉는 신의 구원이 완결된 것 같은 상황에서 발생하는 인간의 부조리를 다루고 있는 작품인지도 모른다.

노년기로 막 들어선 아센바흐는 신발 끄는 소리와 긴 그림자를 남기고 전염병이 창궐하는 베니스를 떠나려 했다. 소리와 그림자 외에, 떠나는 자의 뒷모습이 남길 수 있는 것은 무엇이란 말인가. 깊을수록 고독한, 섬.

## 섬

섬은 한적했다. 남북으로 좁고 긴 베니스 리도 섬은 아센바흐가 묵었던 곳이면서 죽어간 장소이기도 했다. 아센바흐가 묵었던 '호텔 드 뱅Hotel Des Bains'으로 갔다. 이곳의 레스토랑과 카페와 엘리베이터에서 아센바흐는 타치오와 여러 차례 마주치면서도 끝까지 말 한마디 제대로 건네지 못한다.

삐걱거리는 나무 복도를 지나 1층 카페로 들어갔다. 대리석 바가 우아하게 중앙을 차지하고 있는 그 카페에서는 채광이 좋은 대낮인

데도 샹들리에가 빛을 내고 있었다.

자리에 앉아 에스프레소를 주문했다. 커피와 함께 나온 초콜릿 입힌 딸기를 보니, 딸기 하나를 먹고도 냅킨으로 깔끔하게 입가를 닦아냈던 아셴바흐가 떠올랐다. 설탕을 넣지 않은 채 에스프레소를 입 안에 털어 넣었다. 쓰디쓴 맛이 깊은 향취로 변해 오래도록 혀에 머물렀다.

잔을 비우고 호텔 뜰의 자갈길을 걸었다. 걸음을 옮길 때마다 돌들이 사각거렸다. 리도 섬에는 이곳에서 열리는 베니스 영화제 기간에만 방문해서였는지, 썰렁한 분위기가 영 익숙하지 않았다. 영화제 중심 건물인 팔라초 델 치네마의 주변 역시 여름을 코앞에 두고도 가게들이 전부 문을 닫아걸고 있었다. 시간을 제대로 만나지 못한 공간은 황량해진다.

  휑한 축제의 장소들은 그저 축제의 꿈만을 꾸며 시간을 견디는 듯 느껴진다. 어쩌면 아셴바흐도 그랬는지 모른다. 여행은 삶에서 축제 같은 시기일 테니까. 사람들이 하나씩 떠나가는 여행지 베니스에서 아셴바흐는 다시금 마음의 축제가 시작될 순간만을 고집스럽게 기다리며 두고 온 일상을 까무룩 잊는다. 그러나 아무리 감미로운 여행도 생활 자체일 수는 없고, 아무리 신나는 축제도 삶 전체일 수는 없다. 그게 아셴바흐의 비극이었다.

  랠프 에머슨은 자신의 수필에서 이렇게 적었다. 신은 모든 인간에게 진리와 휴식 사이에서의 선택권을 부여하였다고. 어느 것이든지 좋을 대로 택하라고. 그러나 결코 양자를 다 취할 수는 없다고. 그렇다면 아셴바흐는 최종적으로 진리를 택한 것일까, 아니면 휴식을 택한 것일까.

  리도 섬은 유럽에서도 손꼽히는 아름다운 해변과 카지노 때문에 많은 이들이 찾는 관광지이지만, 비 뿌리는 해변에는 아무도 없었다. 눈을 감고 들으면 방갈로 위에 비가 내리는 소리가 흡사 숲에서 들려오는 빗소리 같았다.

  아셴바흐가 간이의자에 앉아 타치오를 무망하게 바라보곤 했던 바닷가에는 파란색 플라스틱 의자들이 접힌 채 열을 맞춰 늘어서 있었다. 조각배 세 척이 뒤집힌 채로 모래밭 위에 한데 겹쳐 있는 모습도 눈에 띄었다. 함께 있어도 외로운 것들이 있다. 멀리 바다가 온통 으르렁대면서 대지를 탐하며 몰려오고 있었다.

늦은 오후, 우산도 없이 모래사장을 걸었다. 모래는 파도에 젖고 비에 젖어 잔뜩 물기를 머금고 있었다. 그건 비와 바다가 땅과 만나 나눠 가진 추억이었다. 물이 땅에 남긴 흔적 위에 다시 인간의 흔적을 더하는 것은 망설여지는 일이었다.

아무리 곧게 걸으려 애를 써도, 돌아보면 발자국은 늘 어지럽다. 〈베니스에서 죽다〉는 삶의 마지막 여행에서 어린 소년에 매혹되어 극심한 혼란을 경험하는 초로의 남자가 남긴 어지러운 발자국 같은 영화였다.

모래가 기억하는 비, 삶이 회억回憶하는 여행. 여행이 가치가 있다면, 그건 끊임없이 움직이는 일이기 때문일지도 모른다. 그러나 햇살이 내리쬐면 모래는 곧 비를 잊는다. 그리고 결국 삶은 웅덩이를 이루며 고인다. 아셴바흐가 죽어간 곳이 베니스의 비좁은 골목길이 아니라 리도의 탁 트인 바닷가였다는 것은 무엇을 뜻할까.

흐린 하늘이 더욱 어두워졌다. 열정도 권태도 모두 집어삼키고서 시간의 웅덩이에서 영겁회귀하는, 밤.

**밤**

밤이 서린다. 베니스의 좁고 굽은 골목길마다. 베니스를 떠나기 전날 밤 12시, 거리로 나섰다. 그 시각은 지나가는 하루와 다가오는 하루가 교대하는 시점이었을 뿐 아니라, 오월의 마지막 날에서 유월의 첫날로 이어지는 순간이기도 했다. 날과 날 사이, 달과 달 사이, 계절과 계절 사이. 시간의 틈을 잇는 밤의 농도가 촉각으로 다가왔다.

여름을 여는 그 밤의 초입. 어두운 거리 저 끝에서 베니스 명품인 무도회 가면을 파는 가게의 실내조명만이 비현실적으로 밝게 빛났다. 문 닫은 가게의 쇼윈도에는 수십 종의 가면들이 전시되어 있었다. 주인들이 모두 다 잠든 시간, 주인의 진짜 얼굴을 감춰주던 낮의 수많은 가면들만 남아서 밤을 지새우고 있는 듯한 기묘한 풍경이었다.

코와 입을 정교하게 그린 그 가면들의 눈 부위는 윤곽만 빚어진 채 구멍이 나 있었다. 화려한 조명을 받아 반짝이는 가면들 사이, 어둠은 구멍에서 빛을 냈다.

가게 앞에서 돌아서다가 못다 판 하루치 장미 꽃다발들을 들고 터덜터덜 걸어가는 남자를 보았다. 미처 팔지 못하고 시들어버린 꽃들은 다 어디로 갈까. 건물 2층에 매달린 베니스의 가로등이 그 남자의 등 뒤로 긴 그림자를 만들어냈다. 장미 역시 어둠 속에서는 긴 꼬리를 남기는 짐일 뿐이다.

아센바흐의 타치오에 대한 매혹의 정체는 무엇이었을까. 동성애

적인 그 감정은 이성의 신봉자였던 그가 무릎 꿇고 마는 열정의 상징일 수도 있고, 예술가인 그가 몰입할 수밖에 없는 절대적 아름다움의 표상일 수도 있다. 그러나 새로운 세계의 입구에서도 냉정을 가장하는 가면을 쓰지 않을 수 없었던 아셴바흐는 마지막을 맞고서야 그 가면을 벗고 외롭게 죽어간다.

그 많은 낮의 관광객들은 다 어디로 간 것일까. 인적이 거의 없는 베니스의 골목길은 좁고 어두웠다. 종종 운하를 만나면 길이 끊어지기도 했다. 낮에도 헤매기 일쑤인 베니스에서 밤의 골목길은 미로 그 자체였다. 베니스의 골목길은 그 자체로 거대한 부조리이고 풀리지 않는 해답이면서 해갈되지 않는 욕망의 상징인 것처럼 느껴졌다. 그런 베니스의 골목길을 헤매면서 아셴바흐는 타치오를 몰래 따라다니기만 한다. 그러고는 홀로 뒤에 남아 길게 탄식한다.

아셴바흐가 소독약을 뿌리는 남자에게 무슨 일이냐고 질문을 던졌지만 답을 듣지 못하고 무시당했던 곳인 캄피엘로 데이 칼레게리는 아주 작은 공터 같은 장소였다. 집들에 둘러싸여 만들어진 그 사각의 공간에는 죽음 같은 침묵이 어둠 속에 도사리고 있었다.

공터의 한구석, 가녀린 가로등 불빛 아래 서서 〈베니스에서 죽다〉를 떠올리고 있자니, 귓가에 구스타프 말러의 교향곡 5번 4악장이 끊임없이 이어지는 듯했다. 아셴바흐가 탄식할 때마다 영화는 끊일 듯 영원히 지속되는 듯한 그 음악을 깔아놓는다. 관악기를 배제한 채 현만으로 그려낸 그 악장의 우수 어린 체념은 그대로 영화의 핵심 정서를 이루었다. 내내 고요하게 진행되다가 막판에 이르러 딱 한 번 절정부로 치달은 뒤 사그라지는 교향곡 5번 4악장은 그대로 아셴바흐의 삶을 닮았다.

아셴바흐가 타치오를 미행하던 작은 운하길인 디에트로 라 페니체를 찾아 헤맬 때, 후미진 골목길로 방향을 틀었다가 예기치 않은 광경과 마주쳤다. 운하에 맞닿은 기둥에 기대선 채 격렬한 '행위'에 탐닉하던 남녀는 낯선 자가 나타나자 고개를 숙인 채 그대로 얼어붙었다. 그들보다 더 당황한 행인은 왔던 길을 서둘러 되돌아갔다. 밤은 차가웠다. 그러나 적어도 밤은 겪어내고 견뎌내야 하는 시간은 아니었다.

자정을 넘긴 디에트로 라 페니체에서, 어둠은 안온했다. 타치오가 건넜던 작은 다리인 폰테 마리아 칼라스 위에 서서 내려다보는 운하에는 가로등 불빛이 잉크처럼 번지고 있었다. 다가오는 죽음의 그림자를 목도하고도 끝내 베니스를 떠나지 못했던 아셴바흐는 결국 노년의 초입에 뜨거운 해변에서 땀을 흘리며 숨을 거뒀다. 그러나 눈물은 흘리지 않았다.

울면서 태어나기 마련인 사람들이 왜 죽을 때는 울지 않는 걸까. 버나드 쇼의 말이 떠올랐다. 모든 일을 용서받는 청년기는 아무것도 스스로 용서하지 않으며, 스스로 모든 일을 용서하는 노년기는 아무것도 용서받지 못한다.

영화의 궤적을 좇았던 나의 긴 여행은 베니스의 폐곡선 같은 미로

속에서 마지막 장을 맞았다. 길은 모두 세계의 끝으로 통한다고 믿었지만, 어떤 길은 그 안에서 꼬리를 물고 맴돌았다. 이젠 정말 이 모든 여행을 끝낼 때가 되었나보다. 그런데 마지막 페이지를 넘기고 나면, 과연 여정도 끝이 나는 걸까.

저 멀리서 누군가 가방을 끌며 뒤늦게 숙소로 돌아가는 소리가 희미하게 들렸다. 바퀴가 달렸지만, 무거운 가방 소리였다. 아무도 오지 않는 다리에 서서 메마른 눈동자보 아래를 내려다봤다. 지금 눈앞에서 검게 빛나는, 깊이를 알 수 없는 저, 물.

:: 베니스에서 죽다 Morte a Venezia, 1971

감독 : 루키노 비스콘티   배우 : 더크 보가드, 비요른 안드레센, 로몰로 발리

초로의 작곡가가 휴식을 취하러 베니스에 갔다가 가족 여행 중이던 열네 살 미소년을 발견하고 걷잡을 수 없이 빠져든다. 끝내 말 한마디 나누지 못하지만 소년에게 매혹된 작곡가는 전염병이 창궐하고 있던 베니스를 떠나지 못한 채 결국 죽음을 맞는다. 말년에 이르러 탐미적인 경향이 짙어진 이탈리아 거장 루키노 비스콘티의 예술관을 또렷이 보여주는 걸작. 베니스의 빼어난 풍광을 담은 몽환적 영상이 시종 관객을 사로잡는다.

| 이동진의 영화풍경
## 필름 속을 걷다

초판 1쇄 발행 2007년 10월 20일  초판 5쇄 발행 2008년 1월 18일
2판 1쇄 인쇄 2008년 10월 10일  2판 10쇄 발행 2016년 10월 25일

지은이 이동진  펴낸이 연준혁

출판7분사_분사장 김은주
책임편집 김은주

펴낸곳 (주)위즈덤하우스  출판등록 2000년 5월 23일 제13-1071호
주소 경기도 고양시 일산동구 정발산로 43-20 센트럴프라자 6층
전화 031)936-4000  팩스 031)903-3891
전자우편 wisdom7@wisdomhouse.co.kr  홈페이지 www.wisdomhouse.co.kr
출력 으뜸 종이 화인페이퍼 인쇄제본 현문

값 12,000원  ISBN 978-89-5913-264-5  03810

copyright ⓒ이동진, 2007

* 저작권자와 (주)위즈덤하우스의 서면 동의 없이 이 책의 내용과 사진을 이용할 수 없습니다.

이 책의 국립중앙도서관 출판시도서목록(CIP)은 e-CIP 홈페이지(http://www.nl.go.kr/cip.php)에서
볼 수 있습니다. (CIP 제어번호 : CIP2007000861)